高校教育教学管理研究

赵军镜　赵　健　徐炜峻 ◎著

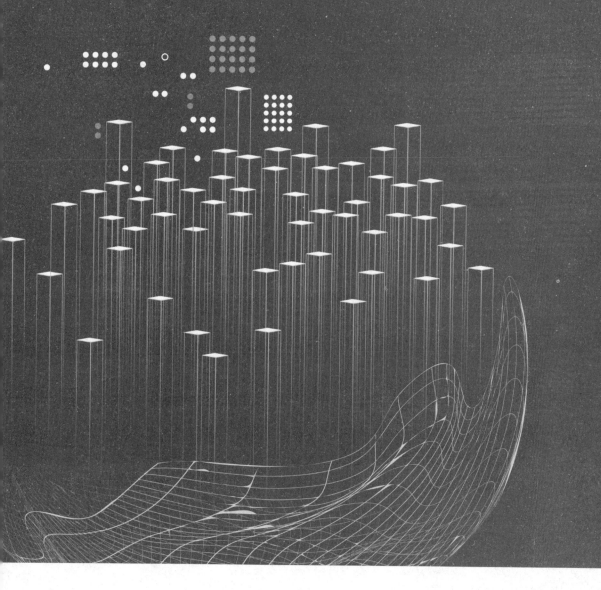

九州出版社
JIUZHOUPRESS

图书在版编目（CIP）数据

高校教育教学管理研究 ／ 赵军镜，赵健，徐炜峻著
. -- 北京：九州出版社，2023.3
ISBN 978-7-5225-1691-2

Ⅰ．①高… Ⅱ．①赵… ②赵… ③徐… Ⅲ．①高等学
校－教学管理－研究 Ⅳ．① G647.3

中国国家版本馆 CIP 数据核字（2023）第 040896 号

高校教育教学管理研究

作　　者	赵军镜　赵健　徐炜峻　著
责任编辑	赵晓彤
出版发行	九州出版社
地　　址	北京市西城区阜外大街甲 35 号（100037）
发行电话	(010)68992190/3/5/6
网　　址	www.jiuzhoupress.com
印　　刷	北京四海锦诚印刷技术有限公司
开　　本	787 毫米×1092 毫米　16 开
印　　张	11.25
字　　数	250 千字
版　　次	2023 年 3 月第 1 版
印　　次	2023 年 3 月第 1 次印刷
书　　号	ISBN 978-7-5225-1691-2
定　　价	58.00 元

前言

随着改革的日益深入和我国经济社会的不断发展，高等教育的宏观背景和微观环境已发生了重大变化，培养具有创新精神和实践能力的人才成为社会对高等教育教学的必然要求。教育教学管理作为高校管理体系中的一个重要环节，是高等学校各项管理工作的核心，也是高校人才培养质量的重要保障，因此，在新形势下必须加强高校教学管理建设，发挥教学管理工作在高校教学管理中的主导地位。深入开展高校教育教学管理实践与创新发展研究，剖析新形势下高校教学管理建设的重要意义及存在的主要问题，努力探寻解决相关问题的有效途径和方法，对促进高校教育教学管理工作健康、持续、良性发展有着十分重要的现实意义。

基于此，笔者撰写了本书，在内容编排上共设置八章，分别为：高校教育教学管理理论、高校教育教学主体管理、高校教育教学课程管理、高校教育教学学科管理、高校教育人才培养管理、高校教育教学质量管理、高校教育教学信息化管理、高校教育教学管理创新实践。

本书从我国教育教学的发展出发，对高校教育教学管理理论的发展、高校教育教学管理人员的要求、高校教育教学的实践应用以及实践研究的进展进行了全面详细的阐述。不仅如此，本书还从高校教育教学的学科建设出发，对当今高校教育教学学科建设和实践总结经验，进一步提出更加全面和实用的高校教育教学管理体系，为信息化环境下的高校教育教学管理理论和实践研究提供更多选择性参考。本书把教育教学管理理论与教育教学实践相结合，从教育实践中提升教育理论，以教育理论指导教育教学的实践应用，可供广大从事教育教学工作者、教育教学理论研究者和教学应用人员参考和借鉴。

为了确保研究内容的丰富性和多样性，笔者在写作过程中参考了大量相关资料，在此向涉及的专家学者表示衷心的感谢。

由于笔者水平有限，本书难免存在一些疏漏，在此，恳请读者朋友批评指正。

目录

第一章　高校教育教学管理理论

第一节　高校教育教学管理的内涵与特点

教学是高等学校的中心工作，高校工作以教学为主。教学管理在高校工作中处于十分重要的地位。教学管理是高校各项管理中最活跃的主导因素，是高校基本特征的体现，是高校提高教学质量的基本保证，是体现协调"教"与"学"关系的重要手段。做好教学管理，必须树立正确的指导思想，明确教学管理的总任务及基本内容。

一、高校教育教学管理的内涵

"教学管理是对学校教学过程中各基本要素及其相互关系的组织、协调、服务、监控，以优化教学资源，有效实现教学目标的活动"[①]。高等学校的教学管理是对教学资源及其要素，包括人、财、物、信息、时间、空间的管理，同时包括教务行政、教学运行、教学设施手段、师资队伍、教材建设、教学质量等各教学职能范围的系统管理。

二、高校教育教学管理的特点

（一）规范化

1. 加强完善教学管理体系

高校教育教学管理体系是在校党委和主管校长的具体领导下，以教务处为操作中心，以二级学院或系部为具体的运作对象，经由统一的安排，有秩序实施各种教育教学活动，完成既定教学任务的有机统一体。完善的教学管理体系是教学工作顺利进行的保证。在目前的高校教育教学管理中，教学的决策权过分集中于学校一级，院系一级缺乏相应的灵活性和活力。这就造成了校、院两级管理的职责和权力不匹配、职责

---

① 孙连京. 高校教学管理理论与实践 [M]. 南昌：江西高校出版社，2019：1.

分工不明确的后果。所以，要进一步加强和完善教学管理体系，建立一个职责和权力清晰明确、职权相应的组织机构，并在此基础上确保和提高教学管理效果。同时，在加强和完善管理体系的时候，要真正体现以学生为本、以教学服务为本的基本指导思想，予以教学管理真正的弹性，使二级院系部门能够匹配相应的权力，成为教学管理的重心，构建以服从教学和服务教学为特征的新的教学管理体系。

2.落实教学管理规章制度

只有建立健全的教学规章制度，才能为教学管理的规范化运作提供有力的制度保障。在落实教学管理规章制度的时候，首先，教学管理工作的基础是各类教学文件，文件一旦制定、形成，就必须认真严格执行。其次，教学管理工作的核心是对教学管理规章制度的有效遵守。例如教学计划，它是学校保证教学质量和确定人才培养规格的重要文件，具有很强的纲领性，因此在教学过程中，一定要严格执行，不得随意改动。而对教学管理中的各级各类人员，都要明确各自相应的职责，建立健全的岗位责任制，保证和促进教学质量的提高。另外，遵守教学管理规章制度，是"有章可依，有法必依"的具体体现，只有严格按照章程办事，才能真正体现教学管理的规范化。

3.构建有效的质量监控和评价体系

首先，应该建立合理的教学督导机制。督导机制具有"监督"和"指导"的双重作用，教学督导组全方位对教学过程进行监督检查，可以及时发现教学过程中的问题，并在第一时间进行反馈和处理，指导一线教师和教学参与者进行教学改革，提高高校教学质量。其次，教学督导的结果和效果可以为教学评价提供权威的第一手的资料以及事实依据。另外，应该制定科学合理的评价方式和评价体系，公开、公平、公正地对教学水平进行评价。

（二）科学化

第一，采用先进、现代的管理方法。目标管理作为现代管理方法中非常重要的一种方式，可以有效地应用到高校教学管理过程中。目标管理应用在教学管理中，可以分成三个阶段。首先，通过上下结合、相互探讨、群策群力的方式，制定出合理的教学目标并将其量化。在教学目标量化的过程中，要"以人为本"，既可以使教学工作的执行者明确自己的职责范围，尽心尽力，又不会打击教师教学过程中的积极性，使其充分发挥自己的聪明才智。其次，将量化后的工作目标转交至执行者，由执行者自我管理，这样可以充分尊重执行者的意愿，发挥其能力，使教学目标能够有效达成。最后，要根据教学目标进行科学、客观、公正的评估，并将评估的结果进行汇总，找出目标制定和目标实施过程中的不足和缺点，并在下一步的管理工作中予以克服。

第二，充分利用计算机等信息化技术手段，对教学过程和教学成果进行综合分析与评价。因为现代高校规模愈加庞大，在教学管理过程中收集的数据也越来越多，只靠人工的处理和分析，显然不能适应高校教学管理的新形势，所以，必须借助现代的管理工具、分析软件等，将管理中产生的大量信息科学地分析处理，并为以后正确的决策提供可靠的数据支持。

（三）精细化

高校教育是人的教育，高校教育的"产品"是一个个思维迥异、性格鲜明的人，正是这种高校教育"产品"的特殊性，决定了高校教学管理一定要"以人为本"。具体而言，就是高校的教学管理要坚持以服务教师和学生为本。高校的管理有自己的特点，如管理相对松散、自由性较大等，这就需要在进行教学管理的时候，既要有原则性，又要考虑到实际情况。例如，在制定课表、安排考试、反馈评教的时候，要充分考虑到教师的年龄、性别、具体情况，统筹安排，既要完成管理任务，又要照顾到教师的具体困难，这样才能形成良好的管理氛围。这种注重细节和对象感受的管理，就是"以人为本"的精细化管理。

精细化管理以具体明确的规章、制度约束教学实施者的行为，强化了管理责任的落实。高校的精细化管理要戒除烦琐，防止盲目地追求"巨细无遗"，把简单的问题复杂化。精细化管理不等同于简单的数量管理，而是要充分考虑具体情况，最终目的是将责任具体化、明确化，从而提高管理的有效性。

第二节　高校教育教学管理机制

在抽象的意义上，我们可以把教学管理机制理解为：教学运行过程中教学系统内部各个构成要素之间的相互连贯和彼此作用的关系，是对教学运行过程属性的抽象概括。教学管理系统尽管涉及人、财、物、时间、空间、信息等诸要素，而且这些要素之间的相互关系均应当成为教学管理研究的对象，但就机制设计而言，关键的要素是人。因此，教学管理机制就其实质而言，所要考虑的是人与人之间的关系。任何教学管理系统内部的成员，可以从个体的意义上说，也可以从群体的意义上来说。个体的聚合，就形成教学管理系统内部的群体的概念。因此，机制所要考虑的人与人之间的关系，就应当是个体与个体、个体与群体以及群体与群体之间的关系。

但是仅仅这样来理解教学管理机制，还是无法让我们准确把握教学管理机制。因此，在具体的意义上，我们将教学管理机制理解为：教学组织系统为激发和约束教学组织系统内部的个体与群体的行为而进行的制度安排。在这里，教学组织系统内部的个体，包括教师、学生、教学管理者以及高校内部与教学直接关联的其他一些人员，重点是教师和教学管理者，其群体则是上述个体的集合，如作为群体的教师、作为群体的学生、作为群体的管理者等。教学管理机制研究的核心问题，就是教学管理通过怎样的制度安排，使教学系统内部所有人员教学的热情和积极性都能够得以极大的调动与激发，同时又使各种有碍于教学目标实现的行为得以最大限度的减少。

组织系统内部各成员之间的行为是相互影响的。单纯地看，一个制度安排也许是好的，但是由于它必然要牵涉到组织系统内部的其他成员，导致一个看起来好的制度安排，实际运行却可能导致一个坏的结果。因此，制度安排的核心是教学管理系统内部成员的各种关系的妥善处理，即从教学目标实现的角度出发，尽可能使每个成员，无论是教师还是教学管理者，都能够心情舒畅地、全身心地投入教学工作。在对这一问题的研究中，一方面是分析教学管理的各项制度（制度是对要素间关系的预先设定）与规范；另一方面，是研究各种非制度化的东西（如各种人际关系及其关系网络）对教学管理运行过程的影响。

一、高校教育教学管理机制的理论支撑

（一）信息不对称理论

高校教学管理中的信息不对称是设计教学管理机制的依据之一。非对称性信息的存在对管理与工作过程提出了机制设计的要求。信息不对称是相对于信息对称而言的。所谓信息对称，是指在一种相互对应的教学管理与被管理关系中，管理者与被管理者都掌握对方所具备的信息，即管理者与被管理者双方都了解对方所拥有的知识和所处的教学环境。信息对称可以分为三种情况：一是管理者与被管理者都没有掌握有关信息的全部信息环境，即双方都处于"无知"状态；二是管理者与被管理者都掌握度量一致或度量相似的信息的环境，即被管理者知道的，管理者也非常清楚；三是双方都拥有完全信息环境，即有关教学的所有情况，管理者与被管理者都了解得一样清楚。

教学管理中的完全信息对称是理想状况，但在通常情况下，任何组织的管理者都难以实现管理信息的完全对称。那些看起来处于信息对称状态的管理情境，在许多情况下都是虚假的。例如，教师手中的教案，就它所呈现出来的内容来看，教师和教学管理者都似乎拥有相同的信息量。但是，实际上关于这个教案的其他相关情况，如新准备的教案是真正新的还是老教案的翻新，是其他教案或教科书的抄袭还是教师的独立研究结果，这些对教学管理者来说往往是不清楚的。因此，表面上的信息对称往往掩盖了很多不对

称的信息，从而形成了实际上的信息不对称。

高校教学管理中的信息不对称是一种事实的存在，也是在无论做出怎样努力的情况下都难以避免的。教学管理者即使处于教学的现场，也不一定与教师拥有对等的信息。例如，教学监督团的成员在教室后面听课，看起来被听课的所有信息都处于听课教师的掌握之中。但实际上，第一，任何处于现场的人，也只能掌握他选择性知觉所指向的信息，而不是信息的全部。第二，旁观者只能看到教师在课堂上所表现出来的那些信息，却无法了解那些未被表现出来的信息，如此时此刻授课教师内心对听课教师的真实感受，或者有他人在场时所故意做出的表演。第三，听课教师只能了解授课教师整个课堂教学的一个片段，即四十五分钟的教学，而仅仅四十五分钟的教学，不能推断教师整个的课堂教学态度和教学水平。

因此，教学监督团的随堂听课，只能了解教师大致的教学水平、教学业务能力，而不可能了解教师的职业精神、职业态度和职业道德。这些不是一个短时段的观察所能够了解的。即使教学监督团通过观察发现某堂课的教学是高水平的或低水平的，那也不能说明这个教师所有的课堂教学都是高水平的或低水平的。倘若有一套有效的机制，一旦教师接受了教学任务，则这套机制就开始发挥作用，使得教师要尽最大的努力来进行教学，那么，那些流于形式的教学监督之类的活动就会消失。其实，高等学校教学的专业化，也使所谓参与教学监督的专家们更加难以把握其他学科的教学内容。

非对称信息有两种情况：第一种情况是非对称信息发生的时间，即从发生的时间看，信息非对称可能发生在当事人进行合作之前（事前非对称），也可能发生在当事人合作之后（事后非对称）；第二种情况是信息非对称的内容，即非对称信息是指某些参与人的行动不可观测，或者参与人的知识不同。因此管理机制设计就包括事前非对称信息的管理机制、事后非对称信息的管理机制、隐蔽行动的管理机制以及隐蔽信息的管理机制。新教师的聘用，就属于事前非对称信息的管理机制问题；教师的续聘则属于事后非对称信息的管理机制问题；学生论文的辅导以及教研的展开，属于隐蔽行动的管理机制问题；教学价值观以及与之相对应的教学观念等，则属于隐蔽信息的管理机制问题。机制设计的目的，就在于使这些不可观察的信息，或那些故意隐蔽的信息显现出来，或者使那些故意隐蔽信息的被管理者受到更多的损失而不是更少的损失。有效的教学管理机制意味着，不管被管理者如何隐蔽信息，其结果都将会是一样的。如此一来，信息的隐蔽便会成为多余。

（二）委托—代理理论

在委托—代理理论中，一个委托—代理模型一般由三个部分组成：委托人的期望函数、代理人的参与约束和代理人的激励相容约束。学校举办者是委托人，学校的管理者和教师是代理人。实际上，这里面有多重代理关系。就政府作为举办者来说，政府是委托人，学校的校长是代理人。然而校长不可能承担起全部的日常管理事务和教学事务，他需要进一步地把高校的各项工作委托给下一层级的管理者直至教师。这样对于高校的举办与管理来说，就存在着多重的机制设计问题。而就本主题来看，核心的代理关系是学校教学的管理者作为委托人与教师作为代理人之间的委托—代理关系。教学管理者必须设计出一套管理机制，来消除教学过程中的各种违规行为。

在学校管理激励中，如何防止管理过程和教学过程中道德风险问题的发生，是管理激励中必须要解决的问题。不仅教师在教学过程中有道德风险，而且管理者的管理工作中也有道德风险。实际上，存在违规风险的不仅仅是教师，也包括学校教学管理系统中各个管理层级的教学管理者。

一方面，作为委托人，在进行教学管理时，必须通过制度安排，使教师把参与教学工作作为自己的选择。高校教师有三大职责，即教学、科研和服务社会。一个具有激励性的教学管理机制，应当使高校内部的绝大多数教师把选择教学作为最优选择。当然，这里还牵涉到学校的办学定位，以及如何处理好教学与科研的关系问题。良好的机制使教师能够在教学、科研与服务社会这三者之间进行适当的平衡和兼顾，而不只是选择某一个方面。倘若绝大多数教师都倾向于做出指向集中的单一选择，那么显然机制本身就可能有问题了。

另一方面，必须使教师在选择教学作为最优选择的同时，还能够努力地或者以较多的精力来投入教学工作。当大多数教师都不是以较多的精力投入教学时，那也同样表明机制本身存在问题。然而许多教学管理者在面对教师工作积极性不高的问题时，往往采取对教师素质进行抨击的策略，而不是去反思教师教学积极性不高的根本原因，可能并不是教师的问题，而是管理者在进行管理时没有设计良好的管理机制。

（三）管理博弈理论

所谓博弈，即一些个体、团队或其他组织，面对一定的环境条件，在一定的规则下，同时或先后，一次或多次，从各自允许选择的行为或策略中进行选择并加以实施，各自取得相应结果的过程。包括博弈的参加者、各博弈方可选择的全部策略或行为的集合、进行博弈的次序或规则，以及博弈的结果与得益。博弈论就是系统地研究参与博弈的各方之间的策略、竞争或面对一种局面时的对策选择，从而寻求各博弈方在具有充分或者有限理性、能力的条件下，合理地进行策略选择，合理选择博弈结果。

博弈论认为，参与博弈的各方掌握的关于博弈环境和博弈方情况的信息，是影响博弈方选择和博弈结果的重要因素。在博弈中，首先是关于得益的信息，即每个博弈方在每种结果（策略组合）下的得益情况，不仅是有关自己得益的信息，而且还有对方得益的情况。其次是有关博弈过程的信息，即参与博弈的各博弈方是否能够在行为之前看到对方的所有行为。如果博弈方在采取行为策略之前完全了解对方，则称该博弈方具有完全信息；假如不完全了解此前全部博弈过程，则称该博弈方具有不完全信息。在一个动态博弈中，各博弈方是否具有完全信息，对博弈方的决策、行为和博弈结果有很大影响。

"上有政策，下有对策"，这是典型的博弈态势。从教学管理的系统来看，教学管理者和被管理者互为博弈方。换言之，一方的策略选择，是在充分地考虑对方的可能性的策略选择之后而做出的。多次重复之后，双方会就某些选择形成平衡关系。在平衡的关系之内，任何策略大致都能够为博弈双方所接受。而一旦超越了已经形成的平衡关系，就会出现新的博弈。例如，在通常的情况下，教学管理者对教师的批评，在适合的场合下是能够为教师所接受的，而一旦越出了这个范围，教学管理者的批评就有可能引发管理者与被管理者之间的激烈冲突，而冲突本身也是策略选择。至少就被管理者来说，这种冲突的策略选择仍是较优的，因为理性的人都会预料到，如果没有某种冲突来表达对批评程度的期待，那么接踵而至的将是更多的批评与指责。对于管理者来说，如果被管理者以某种冲突的方式来对待批评，而这种策略选择如果没有某种消极的后果的话，那么，他同样也将面临更多的冲突策略。

为此，从管理的角度来看，管理者必须要找到一个指向冲突的较优策略，例如，让被管理者公共检讨，或者是基于某人在场的背景下道歉。教学管理者与被管理者之间的相互指责是另一个有趣的现象。在高校日常的教学生活中，我们可以经常见到教学管理者和被管理者（主要是教师）之间的相互指责，这种指责通常都是指向某种现实的不能令人满意的教学状况。例如，当高校为迎接专业教学评估而提出的各种要求不能被满足时，教学管理者便开始以各种不同的方式对存在问题的教师进行批评，而教师也同样会以各种要求的不合理性和烦琐性来批评教学管理层。从博弈论的角度来看，双方个体的选择都是理性的。对教学管理者来说，这样的指责可以巧妙地转移管理责任；而对教师来说，同样的指责也可以减轻心理上的负担和责任。指责所表明的，是这样一种对待事态的观点，即他人造成了现有的事态。教学管理者对于被管理者（教师）的指责，从根本上说，是因为他们忽略了教师乃是博弈的参与方。当高校的教学管理部门仅仅通过下达文件的方式来进行教学管理时，他应该能够认识到被管理者（教师）所可能采取的对待文件的态度和策略选择。高校教学管理的形式主义所带来的，就只能是教师努力地去做教学工作的表面文章。

从博弈论出发，教学管理的机制设计，就应当要考虑到作为博弈方的被管理者可能会采取的应对之策。理性的有限性意味着，任何可能的制度安排，都不可能把被管理者所有可能的对策因素都考虑进去。而一个理性的行动者往往正是通过发现制度本身可能存在的问题而使自己的收益最大化，同时使得组织的收益降低到一个尽可能小的程度。

二、高校教育教学管理机制要解决的问题

教师素质和教育观念是教学管理机制所要解决的问题。从根本上说，高校教学管理机制设计要解决的核心问题，是有关高校教师和教学管理者的行为激发与约束问题。

（一）高校教学工作有序运行的问题

高校教学工作有效展开是高校教学质量的根本保证。对任何一所高校来说，教学工作都是一个动态和发展的过程。不同的教学工作状态将会直接影响到高校教学质量的高低与差异。从根本上说，提高高校教学质量，需要保持高校教学工作处于一种有条不紊的状态之下，使整个教学工作能够按照高校教学规律来展开。高校教学管理需要建立起使教学工作有序展开的运行机制。这种运行机制是高校教学规律的反映，也是实现高校教学目标的必要手段。高校教学运行机制涉及的问题很多，但主要涉及教学工作的方向问题、教学重大事项的决策问题以及教学任务的分配问题。

解决教学工作方向问题主要是解决高校教学组织系统内部个体目标与教学组织目标之间不一致的问题，从而使全体教职员工都能够努力工作以实现学校教学组织目标。人的各种活动，都有其目的性，都指向一定的预期结果。行为的预期结果就是人们所说的行为目标。人们之所以追求某种行为活动的结果，是因为这种结果会给他带来能够满足其需要的资源。但是利益上的冲突和价值观的差异（偏好）会使每一个人的行为目标呈现出一定的差异，而能够满足个人需要的资源是稀缺的。由个体组合而成的社会组织，是一个具有共同利益的群体，社会组织的共同利益被称为集体利益。

资源的有限性决定了个体利益在某种程度上存在着冲突，高校教学管理必须做到使个体的目标服从教学管理目标。教学工作重大事项的决策机制，是要解决为实现教学组织目标而不得不做出的有关方法与手段的选择问题。有关教师的选任、教学计划的编制以及教学管理制度的创新等，都是高校教学决策的核心问题。不同的决策机制将会带来不同的结果。科学设计教学决策机制，将使高校教学管理能够选择更好的实现管理目标的方法和手段。

高校教学任务的分配同样是一个日常的管理工作。不同的任务分配方式不仅会影响到教师的直接利益，也会影响到高校教学目标的实现。对于非营利性的高校教学管理组织来说，选择一种有利于高校教学管理的任务分配机制，是高校教学任务分配机制所要解决的问题。

（二）高校教职员工的行为动力问题

行为动力问题的实质就是积极性问题。与目标机制问题一样，从行为主体看，行为动力涉及对个体行为工作动力的激发及对由人所构成的组织动力的激发。高校教学管理的工作动力机制，由于其组织的内在逻辑，既不同于政府组织以权力为基础、以公共责任为机制的激励，也不同于营利性组织以利益为基础、以市场为机制的激励。学校组织的公共性以及有限的市场介入，使得高校教学组织与系统既需要责任机制，也需要一定的市场机制，然而它的责任机制不同于以权力为基础的公共责任机制——责任激励，市场机制也有别于以利益为基础的完全市场机制——竞争激励。尽管在很多的管理学和经济学的研究文献中，人们通常把竞争看作是激励的一种形式或手段。

在管理学的发展历程中，随着管理学家与管理实践者们对人的重要性的认识逐渐加深，激励的内涵也越来越丰富。从目的上看，激励就是调动人的工作积极性，提高工作效率，解决被管理者工作热情、积极性和创造性不足的问题，发挥其潜能努力工作。从内涵上看，人们已经认识到，不管人们如何界定激励，其核心都是激发人们按一定方式行为行动的过程。从激发的主体看，人们某种行为的激发可以来自它的管理者，也可以来自他的从事相同工作的同行或同事。来自前者的行为激发称为激励，来自后者的行为激发称为竞争。这样，教学管理中的动力机制就可以区分为激励机制和竞争机制。

三、高校教育教学管理机制设计的内容

（一）教学管理运行机制

高校教学管理运行机制主要涉及教学目标的确立机制、教学决策机制以及教学任务分配机制。教学管理运行机制侧重于研究解决学校教学系统不同个体、个体与教学组织、不同教学组织系统之间有关教学目标、教学管理目标的统一问题。明确经过努力可以实现的目标，可以为行为个体提供动力，而且可以减少管理活动的成本投入，提高教学管理效益和教学效率。统一整合教学目标系统，将有助于提高教学管理的效率，为高质量地完成教学任务提供前提条件。教学及教学管理的目标一经确定，教学管理者就必须要考虑实现目标的手段、途径、方法和方式等问题。在现实的教学管理中，对于目标的实现存在着各种可能的手段和方法。为此，就需要在各种可能性中加以抉择，使管理的可能性转化为现实性。

（二）教学管理激励机制

教学管理激励机制侧重于研究解决教学系统内部个体教学工作和教学管理工作的积极性问题。教学管理激励机制依据激发的主体区分为激励机制和竞争机制。将高校教师

及教学管理者视作有限理性人，而非理想化的道德人。因此，高校管理者有必要在了解教师和教学管理者需要的前提下，通过满足教师和教学管理者的需要，来激发其工作动力。在理论分析与探讨的基础上，通过对高校所实施的分配制度本身的个案进行研究，揭示不良的分配制度不仅难以调动教学系统内部个体的工作积极性，反而有可能挫伤其积极性。高校教学的独特特征使得管理激励理论应用于高校教学管理面临一定的局限性。高校教学的组织特征、教学过程、激励对象以及制度安排等，都影响到高校教学管理激励的策略与效果。在此基础上，提出高校教学管理激励的行为模式、激励原则和实施策略。最后，对高校教学管理中的教师聘任制、分配制度以及课程与教学创新等激励问题进行分析，以期为教学激励实践提供参考。

（三）教学管理约束机制

教学管理约束机制主要研究解决如何防止与纠正对个体行为和组织行为在工作过程中可能存在的道德风险及偏离目标组织行为的问题。随着高等学校办学规模的扩大，教学质量的监控问题越来越引起人们的关注。不仅高等教育理论工作者关注，高等教育的实践工作者更是对此给予高度的关注。在一个规模较小的教学系统中，教学质量监控可能通过传统的手段与方式来实现。而在一个规模很大的教学系统中，传统的监控手段就很难实现监控的目的。

同样，对教学工作行为的制约也是如此。高校教学工作既有外在的制约因素，如国家有关高等教育的法律法规与政策，也有来自高校内部自身的制约因素，如学校内部的规章制度；既有来自社会舆论的制约与监督，也有来自作为受教育者的学生的制约与监督。如何将各种制约因素有效地整合与协调，以共同促进高校教学质量的提高，就是教学管理约束机制要解决的问题。

第三节　高校教育教学管理的以人为本理念

对于高校而言，其教育教学管理工作开展得是否科学，不仅会对高校教育教学活动的质量形成不可估量的影响，还会在很大程度上影响到高校人才培养工作的效果。对此，相关人员要深刻意识到自己工作的重要性，在实际工作中，将以人为本的理念进行科学的落实与贯彻，以便学生能够感受到来自学校的关心与爱护，从而将满腔温暖转化成学习的动力，为日后成为合格的社会主义接班人奠定良好的基础。

一、高校教育教学管理中渗透以人为本理念的意义

（一）调动教学管理体系各要素积极性的需要

高校的教育教学管理体系，是由学生、教师以及管理人员三个要素构成的。换言之，高校教育教学管理工作的有效性离不开这三方的努力。如果在日常生活中，三方都能保持高度的积极性，面对出现的困难，进行全面的分析与研究，并尝试通过各种途径解决，那么教育管理工作的质量就会得到明显的提高。反之，则很有可能影响到高校教育工作的质量，从而在某种程度上削弱高校的影响力。"因此，创办高校之初，相关负责人就一直在努力调动各方的积极性，以便能够通过共同的努力，实现教学管理质量的提高，为高校培养人才，发挥自身功能奠定坚实的基础。"①

现阶段的高校教学管理质量与之前相比有了明显的提高，但是依然无法满足新形势的需要。而以人为本理念的渗透，则可以在很大程度上改变这一现状。在教育教学管理中，坚持以人为本，实际上就是以学生、教师与管理人员为核心，从他们各自角度出发开展教学管理工作。以人为本念，要求相关人员在开展教学管理工作时，要尝试从学生、教师与管理人员等不同角度出发，综合考虑各方的需求，以便能够促进各方人员的共同发展，以更加饱满的状态，面对日常学习与生活。这种管理模式的应用，将会在很大程度上调动各方人员的积极性，让他们以更加饱满的状态面对学习与生活，久而久之，实现高校教育教学管理工作质量的有效提高。

（二）利于增强高校教育教学管理工作文化性

作为培养人才的基础，高校是最具有文化特色的机构，同时它也是最为重要的文化性场所。换言之，不论是高校所制定的管理制度，还是为学生所营造的学习氛围，其中都包含着浓厚的文化特色，身处其中的学生、教师与管理人员，很容易受到这种文化的熏陶与感染，从而树立起科学的价值观。以人为本理念，作为一种比较重视精神文化的存在，如果能够渗透到高校教育教学管理的过程中，势必能革除传统管理模式所带来的弊端，并能够在长时间的潜移默化中，对参与教育管理的各方形成良好的熏陶，促使其积极性得以有效提高。

二、高校教育教学管理中以人为本理念的渗透策略

（一）转变教学观念并提高重视程度

高校教育教学管理者，需要深刻认识到以人为本理念对于自身工作的重要性，从而

---

① 王艳．以人为本理念在高校教育教学管理中的渗透 [J]．试题与研究，2021（32）：117．

转变观念，提高重视程度，以便提高管理质量，保障高校教育教学管理工作的有序开展。高校教育教学管理者需要明白，"人"是一切工作展开的根本，在具体工作中唯有坚持以人为本，时刻关注各方的需求，才能够将各方的力量凝聚在一起，从而促使以人为本理念得以充分的落实，使得高校教育教学管理工作更加深入人心，更加受到支持。因此，在实际工作中，高校教育教学管理者要坚持以人为本，尊重各方参与人员的个性化需要，以便为广大师生与教师创造更为宽阔的成长空间，让他们能够在日常生活中逐渐完善个人品格，夯实文化基础，提高实操技能，为日后成为优秀的人才奠定坚实的基础。同时，以人为本理念的渗透，还能够使参与各方在生活中与学习中，不断进行自我纠正与完善，这会在很大程度上推动教育管理工作的有效开展。

（二）提高教学管理队伍的综合素质

管理队伍综合能力的高低，在很大程度上决定了高校教育教学管理质量的好坏。如果管理队伍综合能力较高，那么就会很快认识到以人为本理念的优势，在实际工作中，协调好各方的意见，并找到最优的解决之道，促使更多的人认可教育教学管理工作，并提供自己力所能及的支持与帮助，让教育管理工作更加深入人心。反之，不仅不会提高教育管理工作的质量，甚至还会引来各方人员的不满，从而在一定程度上影响高校教育教学管理的有序开展。因此，相关责任人在具体工作中要运用各种有效措施，提高教育管理队伍的综合素质，以便他们能够在复杂工作中始终坚持以人为本理念，严格按照管理规定，将所有以人为本的政策落实到位，从而提高各方人员的满意度。

例如，定期开展与以人为本理念有关的培训，让高校教育管理人员能够意识到自身工作的重要性，从而将所学知识都应用到实际工作中，久而久之，实现教学管理工作质量的有效提高。对于表现相对优异的职员，相关责任人可以给予物质或精神方面的奖励，以便他们能够不断强化自己的能力；对于表现稍差的职员，相关责任人可以给予科学的指导，以便他们能够意识到自己的不足，并根据工作内容进行有针对性的改正，如制定严格的考核机制。培训不是目的，最终的目的是希望高校教育管理人员能够牢记以人为本的管理理念，不管在工作中遇到什么样的情况，都能尊重个人的需求，都能给予对方适当的关怀，从而让越来越多的人受其感染，逐渐树立起正确的世界观。因此在培训完毕以后，相关责任人还需要制定严格的考核机制，确保管理人员牢记以人为本理念的核心，并进行科学的强化与巩固。

同时，高校教育教学管理者在工作之余，也要通过各种有效途径，提高自己的专业能力，以便能够得心应手地应付工作中的各种难题。对于在工作中遇到的困惑，可以通过互联网在线课程、向优秀人员请教等方式，进行科学的解疑。在条件允许的情况下，还可以学习如何与人进行有效的沟通等方面的课程，以便在与各方人员进行沟通时，能够在相对较短的时间内，探求到对方的需求点，并以此为依据，调整谈话的内容，从而获得来自各方的大力支持，实现教育管理工作的科学化与现代化。

（三）营造健康向上的校园文化氛围

校园文化是高校得以实现育人功能的重要载体。对校园文化的建设，可以让学生感受文化知识的魅力，从而自觉树立起科学的世界观。而这也是以人为本理念得以科学渗透的有效途径。在以人为本理念的指导下，高校教育教学管理人员，应该通过各种有效措施，建设良好校风，以便学生能够受其感染与熏陶，积极改正自身的不足与缺点，长此以往，实现个人综合能力的有效提高。

例如，加强对校训的宣传，用校训中所包含的文化对学生进行科学的引导与滋养，促使他们树立起坚定的信仰，并在学习与生活中，将信仰落实到行动中；再如深入挖掘校史资源，建设独特的校园文化。校园文化对于学生正确价值观的形成，有着不可估量的积极作用，因此各大高校都很注重对校园文化的建设。然而，在建设的过程中，由于缺乏创新性，导致校园文化在建设中出现了相对严重的同质化现象，这在很大程度上影响了高校利用文化进行育人的功能的充分发挥，因此，难以对学生形成良好的人为关怀。而深入挖掘高校中的人文传统，则会在很大程度上革除这一弊端。独特的校史资源，不仅能够激发学生的积极性，让他们以更加良好的状态参与到高校教育教学管理过程中，还会在很大程度上凝聚全校师生的力量，让他们获得归属感与骄傲感。因此在将以人为本理念渗入教育管理的过程中，相关人员要注重挖掘校史资源，以便能够为师生提供精神上的滋养与指导。

又如，组织人文活动。像"人文素养讲座"等活动的科学开展，都能在很大程度上促使师生获得人文素养的有效提高。在条件允许的情况下，相关责任人还可以丰富人文活动的内容，如让学生通过歌舞、书法等形式，参与人文活动，以便他们能够在亲身参与中切实体会到人文素养的重要性，从而运用各种有效途径不断提高个人的人文素养，为高校教育教学管理工作的有效开展，提供必不可少的保障。

综上所述，在高校教育教学管理中，坚持以人文为理念，是全面落实科学教育的发展要求，是推动人才强国战略实施的有效途径，是保障高校育人功能得以充分发挥的有效措施。因此在实际工作中，相关人员需要运用各种有效途径，加大对以人为本理念渗透的力度，以便能够满足各方人员的需要，促使高校为国家稳定发展提供更多优秀的人才。

第二章 高校教育教学主体管理

第一节 高校教育教学中的教师管理

一、教师管理的发展趋势

第一，在管理理念上由人事管理向人力资源管理发展。传统的人事管理重在对人的管理和事的管理，重在对人的人事档案和业务档案的管理，实质上是对教师进行身份管理。这种管理在效果上缺乏激励和引导，是一种静态的管理，视教师为成本。而人力资源管理重在对现有人员的开发和利用，同时注重队伍的重组和提升，视教师为资源。

第二，在管理方式上由静态管理向动态管理发展。现有的管理方式下，教师在达到一定的阶段后就没有了继续努力的动力，如评定终身的职称制度及工资制度等。教师管理改革要求打破教授终身制，从而提高教师工作的积极性。

第三，在分配上由平均主义向差异分配发展。拉大差异，注重激励，有助于调动教师的积极性，符合教师间能力差异及工作投入程度不同的现实。

第四，在制度上由身份制向契约制发展。在人员聘任上，打破原有的重身份、重资历、重级别的人事管理方式，科学设定编制和岗位，竞争上岗、择优聘用、合同管理可以强化竞争机制，使人力资源配置更符合事业发展的需要。

二、教师管理制度的革新

教师管理制度改革事关高等教育的全局，涉及教育行政部门与政府间的关系，涉及社会保障体系的完善，更涉及学校的发展和教师本人的切身利益，同时，高校教师群体又具有明显区别于一般人力资源群体的特殊性，这要求我们在制度设计方面不能企业的管理模式，而要根据教师群体的特点有针对性地进行设计。在改革中，我们应该以治理为模式，形成视教师为资源的人力资源管理理念，从多方面、多维度重新设计教师资源管理体系，加强对教师队伍的培养和激励，促进对教师资源的有效利用，同时还要充分认识到校园文化在教师管理中的积极作用，建设具有独特风格的、和谐的校园文化。

（一）完善高校教师的绩效考核评价体系

第一，考核过程要公开公正公平。公开原则是指对教师的考核过程、考核标准及考核结果要公开，不能搞暗箱操作，不能人为干预；公正原则要求考核者在考核过程中要实事求是，考核者应在教师中有威信、有较高的学术地位，教学效果的公认程度高；公平原则是指应综合考核教师，而不能因某一点原因就全盘否定教师的所有努力，还要给教师申诉的权利和机会。

第二，要做好考核结果的反馈。考核结束后，要将考核结果及时反馈给教师，同时，对考核结果应有所说明，否则考核就没有任何实际意义。

第三，考核应采用量化指标，又不能绝对量化。量化的指标可以更明确地评价教师的教学和科研工作，它不像描述性评价容易掺杂个人主观因素，量化的考核也可以通过调整权重等方法使评价更科学。但在设计量化指标的时候，要充分考虑到质的方面的因素，不能单单考虑授课学时、发表论文数量等，否则容易产生教师对量的追求而忽视质的追求的导向作用。

（二）对高校师资队伍实施有效的激励机制

根据学校及学科的发展需要，有针对性地对教师进行培养，同时建立有效的激励机制，调动教师在工作中的主动性与创造性，是对高校教师按照现代人力资源管理模式进行管理的重要特征。

1. 师资队伍建设的方法

在师资队伍建设中，应在建设规划、人才引进和教师培养等方面制定行之有效的措施，特别要注意以下方面：

（1）教师队伍建设要着眼全局，要有前瞻性。教师队伍的培养首先应有全校性的培养方案。全校性的培养方案应是学校管理者根据学校师资队伍的现状，包括教师队伍的年龄结构、学历结构、学缘结构及学科间的数量结构，制定出的本校教师队伍建设规划。各学院应根据本部门的师资队伍状况、教师个人的发展潜力和发展需求及学科的发展需求制定详细的师资队伍培养规划。学院的培养规划要从学科建设的需要出发，要有前瞻性，同时还要充分考虑到教师个人发展的需要。对教师的培养，既要加强对精英教师的培养，以培养出学科的学术带头人；也要加强对中间力量的培养，这是学校教学的主干力量；更要加强对青年教师的培养，从而建立起一支老中青结合、结构合理的教师梯队。

（2）做好人才引进工作。在高校的师资队伍建设中，人才引进对充实教师队伍、完善知识结构、活跃科研氛围起着重要作用，而且，人才引进政策起效快，对学科建设的作用明显，往往成为管理者首选的建设措施。我们在制定人才引进政策的时候，要根据公平理论，制定引进人才的待遇制度。引进的人才必须对学科建设起到积极而有效的推动作用，要人有所值，而且还要给予本校内同等层次人才相同的待遇，以免打击其积极性，造成优秀人才外流。

2. 建立科学的激励机制

高校教师作为一个特殊群体是高校办学的主体，是实现办学目标的主导力量，这就向高校管理者提出了更高的要求。如何充分调动高校现有教师的内在动力因素，把教师为实现目标的主导力量落实在工作的各个环节上，提高教师的教学水平、科研水平、创新能力以及为人师表的自觉性，是高校教师管理中的主要内容。科学的激励机制应根据受众的不同特点采取不同的措施。根据大学教师人群的特征，高校教师的激励措施应遵循以下原则：

（1）激励措施应将物质鼓励和精神鼓励结合起来。高校教师群体在个人的需求上对高层次的需求明显高于其他人群，注重精神激励会起到良好的效果。

（2）激励要注重公平性原则。根据美国心理学家亚当斯提出的公平理论，不公平会使人的心理产生紧张和不安的状态，对人的行为动机有很大影响。当个人认为自己受到了不公平的对待时，就会产生不满和消极行为，每个人都是用主观的判断来看待自己是否受到了公平的对待，在某种程度上，对奖励的相对值比绝对值更重视。

（3）激励要注重时效性。奖励的时效性对奖励的激励效果有很大的影响，它包括两方面的含义：一是奖励时机的选择。高校应在教师令人满意的行为发生后立即予以奖励，即正强化，这样强化的效果才好。二是奖励频率的选择。奖励不能太频繁，太频繁则使其形成习惯，起不到激励的作用；而频率太低则会降低教师的期望值，打消教师的积极性。

（4）激励要适度。"中庸之道"是中国几千年文化的积淀，中庸是要我们做事时把握好度，而不是简单的折中。"激励的大小要与学校的承受能力、劳动的价值相适应才能服众，才能起到良好的激励效果。"[①]激励太多，容易使教师产生不劳而获的心理预期，无法产生工作的动力；而激励太少，劳而无获，同样无法使教师产生积极性。

3. 有效的激励模式分析

（1）在薪酬制度设计上，要突出工作量对薪金总额的影响。过于平均的薪酬制度设

---

① 岳若惠. 现代教育理念下的高校教育教学管理 [M]. 杨凌：西北农林科技大学出版社，2013：98.

计容易使教师在达到一定目标后产生惰性，如果在现有职级的基础上进行分化，同时拉开各级别间的薪金额度，则可以使教师即使达到了某一级别仍有向上努力的空间。特别是教授岗位，因往上职称已经到顶，可以在那些距离带头人层次尚远的教师群体中设置教授的级别，达到了一定的教学工作量、教学效果及科研工作量等，就可以拿到比未达到的教师高得多的薪金，这样设置的标准就成为一种导向。

（2）树立目标，激发教师的心理预期。设定恰当的和富有挑战性的目标能够产生强烈的激励作用。目标的设定应遵循以下原则：一是目标要有挑战性，要具有一定的难度；二是目标要有可实现性，是指目标是教师经过自身的努力可以达到的；三是目标要具有量化指标，设定的目标不能是一个模糊的概念，要有数量和质量的指标进行表示，以便于考核；四是目标应由教师参与制定，所有教师，至少是绝大多数教师都可以广泛参与；五是目标的制定要与学校的发展目标相一致。学校要加强学科建设，提高教学质量，提升科研水平，改善教师结构，那么在教师的考核、酬金发放、职称评聘及对教师的培养等方面都要恰当地提出对个人科研水平、教学质量及知识结构、个人能力等方面的目标，这同时也是一种导向作用，使个人目标得以实现，间接达到学校目标的实现。

（3）公平对待教师的劳动是最好的激励措施。这里所说的公平，不是平均主义，而是按劳分配上的公平。我们在日常的工作和生活中，总是会与其他人进行比较，从而产生公平感或不公平感，教师同样如此。教师对激励措施往往更看重横向的比较，看其他人在付出同样多的劳动后得到的激励与自己获得的激励是否一致，而非仅仅看获得激励的绝对数量，而且，这种比较绝对的激励对教师来说更为重要。

（4）言必信，行必果。要注重对激励措施的兑现，这包括两方面的含义：一是在制定激励措施时，要充分考虑到学校自身的承受能力，不能做出超过学校支付能力的承诺；二是做出的承诺就要兑现，即使当初的承诺已对学校的发展失去了意义，但在学校没有明确停止激励前，仍需兑现，这样会使教师免除付出劳动却无法获得回报的后顾之忧。

（5）教师参与决策是对教师的最大激励。教师参与决策是治理理论在高校管理中的一种实际体现，也是发扬民主、满足教师受尊重和信任的需要，同时能增进决策者和教师间的了解，创造出相互信任的心理氛围，还能增加教师的满足感和归属感。教师参与学校政策的制定是学校合理、正确决策的必要条件，而合理、正确的决策本身就是对教师最好的激励措施。现代管理心理学认为，在一个团体中，经由民主讨论而做出的决策比由领导者独断专行做出的决策更能获得成员的关心和支持。教师参与决策，从实际行动上证明了教师是学校的主人，而不是旁观者。教师参与决策的方式有很多种，如教师代表大会、日常政策制定时的征求意见、经常性的沟通以及成立各种由教师为主导的委员会负责专项事务的管理。教师参与决策，可以充分利用高校教师群体的高智力资源，有利于决策的科学性和合理性，还可以体现教师在学校的主人翁地位，使教师感到自身的利益和学校的利益息息相关，更有利于调动教师的积极性，使教师资源得到更充分的利用。

（三）构造和谐氛围，形成独特校园文化

校园文化是一种特殊的社会亚文化，是在特定的环境中创造出来的，与社会、时代密切相关又相对独立，有着鲜明校园特色的人文氛围、校园精神和环境。校园精神是校园文化的核心，是学校师生员工价值观和人生观的综合反映，是共同的理想、信念、追求，共同的规范和标准模式的综合体现。现代的校园文化建设是现代人力资源管理理论与传统的人事管理制度之间的重要区别之一，校园文化建设对学校发展目标的实现起着保障和促进作用，主要表现在：首先，校园文化可以有目的地引导、塑造学校内部成员的行为，增强教师行为的一贯性；其次，文化本身就是一种黏合剂，可以将不同个性、不同思维方式、甚至不同价值观的教师黏合在一起，增强教师队伍的凝聚力；再次，校园文化使教师在思想上自觉地将自己与其他学校区别开来，从而对增强教师对学校的认同感和归属感起到积极的促进作用；最后，校园文化使教师自觉地将自身利益与学校的总体利益联系在一起，将教师个人的发展目标与学校的总体目标联系在一起，教师与学校共同发展。

校园文化建设的首要任务之一，就是传承学校的悠久历史。"以史为鉴，可以知兴替"，历史是最好的老师。从学校的历史中，我们可以总结出学校建校以来的成功经验和失败教训，回顾学校的发展历程，可以培养教师的自豪感和归属感。校园文化建设还要弘扬科学精神，科学精神是学者在长期的研究活动中形成的价值观和行为规范，是他们人格和精神气质中的精华，有着深刻的思想内涵和极强的思想文化教育功能。科学精神就是创新精神，在高校中弘扬科学精神，有利于教师正确树立世界观、价值观和人生观，有利于掌握科学的学习方法和研究方法，有利于教师深入地开展科学研究，提高教学质量和学术水平。

加强校园文化建设，不仅要为教师提供学术自由的发展空间，更要充分调动教师参与学校建设的积极性，为学校的发展献计献策。在学校的决策中，要多倾听教师的声音，要欢迎在管理中出现的不同声音。只要全校教师都能投入学校的建设中，关心学校的发展，在各自的角度对学校政策的制定进行客观评价，就能在发展的道路上少走弯路，这样才能更快、更好地实现学校的发展目标。

加强校园文化建设，要建立和谐的人际关系，要创造良好的校园文化氛围，让教师有更温馨的环境，能集中精力搞好科研和教学，使教师能体验到自身存在的价值，使其

被尊重、被关心、被爱护的需要得到满足。良好的校园文化氛围能维持并增进教师的心理健康，保证教师群体间的团结与合作。加强校园文化建设的主要措施有：首先，改进领导作风，改善干群关系。领导者和管理者要平易近人，遇事要与教师多进行沟通，在工作上要协调一致。其次，应尊重教师在学术上的不同意见，尽可能地为教师创造良好的工作环境，关心教师生活上的困难，解除教师的后顾之忧。再次，学校要为教师间的人际交往创造良好的条件，消除各种障碍因素。最后，要加强对教师队伍中师德高尚、学术造诣突出、教学质量优秀的教师的宣传，使全校形成一种重品德、重知识、重人才的良好风气，使人力资源管理主体与教师之间形成一种互惠互利、默契双赢的局面。

总而言之，我们要把良好的校园文化作为学校效益、质量、规模协调发展的关键因素，并围绕学校的办学目标，合理规划，优化配置人才结构，从而更好地发挥高校人力资源的作用。

第二节　高校教育教学中的学生管理

一、学生管理的本质

学生管理属于学校管理的一部分，所以具有管理的一般本质，它又是高校人才培养的重要环节，所以有其特殊的本质，主要有以下方面的体现：

第一，学生管理的社会组织是高等学校，具有特定性。实际上，社会组织中协调组织成员的相互关系和个人活动具有必要性，这是管理活动的根源，所有的管理活动都要在一定的社会组织中进行。高等学校是特定的社会组织，是系统培养专门人才的组织，其首要和基本的任务就是教育与培养大学生，所以学生管理是高等学校的特殊管理活动，其目的就在于实现高等学校的任务。

第二，学生管理的目的与高等学校的任务一致，是培养人才和促进大学生的全面发展。管理活动有其目的，实现一定社会组织的某种预定目标就是管理的目的。管理是实现目标的必要途径，世界上既不存在无目标的管理，也不存在无管理的目标。学生管理是高校人才培养工作的环节之一，其目标与学校在人才培养方面的预定目标相统一，就是要培养人才，使大学生全面发展，培养其创新精神和实践能力，从而更好地建设中国特色社会主义事业。

第三，学生管理的本质是合理配置学校的各种资源，指导和服务大学生成长成才。

学生管理的任务主要是科学地决策、计划、组织和控制学校的各种资源，有效地利用人力、物力、财力、时间和信息指导与服务大学生，使其能够顺利完成学业、健康成长成才，具体包括三个方面：（1）引导大学生行为和大学生群体；（2）资助家庭经济困难学生；（3）提供就业服务，帮助毕业生就业等。

第四，学生管理的内涵是高校以实现人才培养、大学生全面发展为目标，通过决策、计划、组织和控制等方式，有效地利用人、财、物、时间、信息等资源，指导和服务大学生成长成才的一系列社会活动过程。

二、学生管理的特点

（一）价值导向鲜明

我国高校的目的是培养专门人才为社会主义建设服务，所以，我国高校的学生管理一定要坚持价值导向的引导，也就是要求学生坚持社会主义思想。学生管理的价值导向具体体现在以下三个方面：

第一，目标管理。人类实践活动的基本特征之一就是目的性。人的实践活动基于一定的需要对实践对象的属性及变化趋势有着一定的认识和判断，这就是目标管理目的，体现着其价值观念。同理，学生管理也有目的性。价值观念和价值追求贯穿学生管理的整个过程，都是基于一定的价值观念确定和设计的，都贯穿和体现着一定的价值观念与价值追求。所以学生管理的价值导向既引导、激励和评价着大学生的日常行为，引导、激励和评价着管理者的管理行为，还引导和促进大学生形成正确积极的价值观。

第二，理念管理。学生管理理念是社会价值体系的体现，指导着学生管理的思想、原则、方法。学生管理中往往贯彻和体现了社会先进的价值观。

第三，制度管理。有效的学生管理拥有科学而又严密的规章制度，规章制度的设计和执行标志着学生管理的规范化、制度化和法制化，也是学生管理规范化、制度化和法制化的基本保证。管理规章制度是人们制定出来的，制定的人受一定的价值观念影响，制定出的制度也就具有一定的价值导向，具体表现是：大学生需要做的事情与不能做的事情，哪些行为受到鼓励和提倡，哪些行为被反对和禁止，怎样的行为和表现会被奖励，怎样的行为和表现会被惩罚等。学生管理制度中的这些规定无不体现着鲜明的价值导向。

（二）教育功能突出

由于高校人才培养工作的重要部分就是学生管理，所以学生管理具有管理和教育双属性，且更偏重教育功能。

第一，学生管理作为高校为达成目标而实施的特殊管理活动，所以其目标必然与高校的目标相一致，且服从和服务于高校的目标。高校的目标就是实现大学生教育的目标，促使学生圆满完成大学学业，换言之，大学生跨进大学校门的目的就是接受大学教育。所以学生管理的目标必须为大学生教育的目标服务。

第二，教育方法在学生管理方法体系中具有突出的作用。教育方法是包括高校学生管理在内的现代管理活动中最经常、最广泛使用的一种基本手段。这是因为，一切管理活动都离不开人，而人是有思想的，人的活动总是由一定的思想意识支配的。任何管理活动都要坚持思想领先的原则，注意做好人的思想工作，通过影响人的思想去引导和制约人们的活动。学生管理作为大学生教育和培养工作系统中的一个重要组成部分，也就必然要运用教育的手段，增强学生管理的实效性。

第三，学生管理过程就是教育大学生的过程。高等学校的工作核心就是教育和培养专门人才，所以一切工作都要围绕教育学生来展开，都应当对大学生有良好的教育和影响作用。学生管理的理念是以人为本、民主法制、公正和谐，采用的管理方法是民主管理、依法管理、科学管理，其内在遵循教育规律和管理规律，遵循从学校和学生的实际出发、实事求是的科学精神和哲学规律，这一切都潜移默化地影响着学生。例如，学生管理过程为促进大学生成长成才而制定了各项规章制度，这些制度会引导大学生思想，激励大学生前进，规范大学生行为。另外，学生管理人员的情感、态度和言行也会影响大学生，是大学生的表率和示范。由此可见，学生管理的过程就是大学生教育的过程，直接关系着大学生思想品德的形成与发展。

（三）管理专业性强

学生管理传统上是经验性的事务型工作，而高校学生管理对象和内在规律的特殊性及其特有的方法体系逐渐被认识，决定了必须形成学生管理专业视角、使用专业方法、形成专业研究模式。现在的学生管理工作专业性极强。

1. 学生管理的内在规律特殊

学生管理有其特殊的矛盾性，就是以社会对专门人才的需要为参照标准，对大学生的行为要求与大学生实际行为情况之间有矛盾。这一矛盾存在于一切学生管理活动中，存在于一切学生管理过程中，是学生管理全局的决定因素。这一矛盾既是高校学生管理的基本矛盾，又是学生管理的特殊矛盾，使其与其他社会实践活动有所区别。为解决这一矛盾而开展的特殊社会实践活动就是学生管理。高校管理具有管理和教育的双属性，所以，学生管理既要遵循管理的一般规律，还要不同于其他管理活动；既要遵循教育的一般规律，也要区别于其他教育活动。这就需要专门探索和研究高生管理的特殊规律。揭示这种规律也是学生管理理论研究的任务。

2. 学生管理的管理对象特殊

大学生是学生管理的对象，他们与一般管理对象不同，主要体现在以下方面：

（1）大学生自觉能动性高。大学生的特点是自主意识强、独立意向突出、智力发展水平高，且多崇尚独立思考，希望自主自治。在学生管理过程中，大学生具有管理对象和积极活动主体的双重身份。对于管理的要求和规章，对于管理者施加的指导和督促，他们总要经过自己的思考，做出自己的评价、选择和反应。而且，他们会主动地参与管理活动并自觉地接受管理，甚至达到自我管理。所以，在学生管理中，激发和引导大学生的自觉能动性是一项很重要的工作，要充分将他们引导到学生管理的目标上来，使他们的需求和学生管理的要求相一致，使其能够主动接受管理，并且积极进行自我管理。

（2）大学生处于成长和发展的关键时期。大学生既不同于少年儿童，又区别于成人，正处于世界观、人生观和价值观形成的时期，在思考、探索和选择的过程中，逐渐形成了正确的世界观、人生观和价值观，心理日趋成熟但没有完全成熟，智力发展迅速，情感丰富，有很强的自我意识，同时心理矛盾较大，如理智与情绪的矛盾、自我期望与自身能力的矛盾等。他们的思想活动具有显著的独立性、敏感性、多变性、差异性和矛盾性。大学生处于即将走上社会、进入职场、全面参与社会劳动实践的关键时期，有着巨大的发展潜力，各个方面蕴藏着极大的可能。所以，学生管理要针对大学生的特点，切实加强大学生指导和服务的力度和科学性，促进大学生健康成长、身心良好发展。

（3）大学生的主要任务是学习，并能够在教师的指导下进行自主学习。学习是大学生的首要任务，大学生的学习是在教师的指导下，遵守特定的制度和规定，有目的、有计划、有组织地进行的。大学生学习有很强的自主性，可以在学校的有关规定下自主地选修课程，也有大量自主支配的课外学习时间。换言之，对于大学生的学习来说，科学的学习方法很重要，高度的学习自觉性和有效的自我管理也同样重要。所以，学生管理要以大学生的学习任务为中心，加强指导和管理大学生的学习行为。

3. 学生管理方法体系的特殊

高生管理对象和管理规律的特殊性，决定了学生管理方法体系的特殊性。学生管理工作涉及面广、综合性强，所以需要管理学、教育学、心理学、社会学等多方面的理论方法和技术作为其方法体系的基础。但学生管理的方法体系又不是这些学科方法和技术的简单拼凑与机械相加，而是需要在系统掌握这些学科理论、方法和技术的基础上，针对高校学生管理的特定对象，根据高校学生管理的特殊规律和实际，有机地、综合地加以运用，以形成自己特有的方法体系。

三、学生管理的原则

（一）自主性原则

大学生只有自主参与并配合管理，管理者的管理工作才能够顺利完成，所谓的坚持自主性原则实质上是指让大学生参与到管理中，不断激发学生的主观能动性，并且培养学生的创新能力，最终实现自主管理。学生管理遵循自主性原则，是由两方面决定的。一方面有利于育人目标的实现。管理的目标是育人，这就要求将外在的行为规范转化为内在的思想观念，从而支配管理对象的行为。学生如果不能参与其中，就很难充分发挥主观能动性，学生管理工作就很难继续开展，实效性会降低。另一方面有利于满足学生自主管理的现实需求。改革开放40多年来，我国经济飞速发展，人们的生活水平不断提高，社会主义制度日益完善，教育改革和教育管理已经成为当今热议的话题。现代化社会伴随着各类信息的高效传达，绝大多数高校在读大学生已经受到了传统市场经济的影响，在日常的学习生活中，自主管理意识不断增强，个人管理能力不断提升。对于高校而言，坚持自主性原则可以从以下方面着手：

第一，为学生创造全新的管理平台。此管理平台可以由班长、学习委员、团支书、辅导员共同携手打造，为学生营造良好的管理氛围，不仅可以大幅增强班级凝聚力，还可以充分调动学生管理的积极性。这种全新的管理模式可以使学生主动地参与其中，从而达到预期的管理效果，让学生能够真正实现自我约束与管理。

第二，树立学生的管理意识，增强学生的管理能力。高校只有为学生不断创造良好的学习与生活氛围，学生才能更快适应并遵守学校的规章制度，进而增强自我管理的能力。

第三，学校应当重视对学生自主管理的教育工作。所谓的学生自主管理，并不是完全摆脱学校规章制度的束缚，学校反而更要重视对自主管理的教育，如此才能使学生自主管理达到最佳的效果。

（二）方向性原则

学生管理坚持方向性原则，是涉及培养什么人、如何培养人的根本性问题。学生管理是高校办学的重要方面，是学校育人工作的重要环节，高校的主要目标是培养合格的社会主义事业建设者和接班人，学生管理工作直接影响这一目标的实现。

在学生管理过程中，坚持方向性原则显得至关重要，此原则不仅能为高校指明教学方向，还能够起到很好的调节高校运行的作用。坚持方向性原则就要求高校在确立管理目标时一定要遵循教育教学方针及法律法规。此原则也是高校管理的一大基本原则，高校只有始终坚持此原则才能更好地发展，才能够在学生管理方面取得显著成效。坚持方向性原则不仅是社会发展的需要，更是多年实践所得出来的结论。

（三）激励性原则

学生管理需要坚持激励性原则，所谓的激励性原则实质上是指通过一定的方式方法促使学生的思想发生一定的变化，充分调动学生的积极性并发掘其无限潜能。激励性原则可以使高校管理的氛围更为轻松，也更容易被越来越多的大学生所接受与认可，因此坚持激励性原则在学生管理中有着重要的地位。

激励的效果取决于在激励过程中采取的手段、方式能否针对大学生的发展实际、能否满足大学生的需要、能否在大学生内心形成自我激励的内在动力等。因此，在学生管理中贯彻激励性原则，需要做到以下三个方面：

第一，运用适当的激励手段。为了更好地调动学生的积极性及培养学生的创新能力，进而充分发掘他们的内在潜能，高校就需要运用正向激励手段。所谓正向就是要具有一定的科学性及合理性，这种正向激励大致可以分为两种：一种是物质上的，主要指实物，物质利益的需求和满足是人生存发展的一个必备条件。实质性的激励更具有诱惑力，更容易激发学生的兴趣并且充分调动学生的积极性。另一种则是精神上的，口头表扬与称赞就是典型的精神激励，这种激励手段可以给予学生强大的精神力量，增加学生的自我认同感及自豪感，有助于学生潜能的激发。无论是物质上的激励还是精神上的激励，对于学生而言都具有一定的促进运用，合理运用正向激励手段可以使高校管理达到最佳效果。

第二，在管理中树立典型，通过榜样进行激励。除了运用正向激励手段外，还可以在管理中树立典型，通过榜样来激励学生，让学生先从学习榜样做起，最后成为榜样。

第三，采取情感激发的方式。在学生管理过程中，渗透一定的情感对于管理而言显得格外重要，感情在发酵的过程中会对学生起到一定的促进作用。所谓的情感激发实质上是要求管理者保持赤诚之心，关心学生，与学生坦诚相待，进而达到最佳的管理效果。如果管理者不能与学生和谐共处，那么学生就会产生消极情绪，管理起来就会更加困难。

（四）发展性原则

发展性原则主要涉及两方面的内容：其一，促进学生全方位、多角度的发展；其二，管理工作不能停歇，要不断地更新与发展。社会正在飞速发展，政治经济及社会文化都在发生着翻天覆地的改变，外界环境的变化对于高校管理影响重大，高校的管理制度要想紧跟时代步伐并且适应社会的发展，就必须深化改革，完善与调整管理制度。坚持发展性原则首先需要树立一定的发展意识，其次需要推动管理进一步创新，当然还需要合理利用资源促进学生发展，下面将展开具体论述。

1. 树立发展意识

思想决定发展方向，树立并具备一定的发展意识有助于形成优秀的管理模式。在传统的管理模式中，管理者不能与学生建立友好的管理关系，总是想掌控学生，将管住学生作为管理的首要任务。但是从管理效果来看，传统的管理模式更容易让学生产生消极情绪，并且对于学生的发展没有任何促进作用。随着社会的不断进步，管理模式的改革与创新显得尤为重要，要坚持发展性原则并且将促进学生全面发展作为管理的第一要务。发展观念的转变必须要结合社会的发展，满足社会的需求，以新的发展观念指导管理决策，设计管理计划，谋划学生的全面发展。

2. 推动管理创新

通过管理创新促进学生全面发展，进而实现最佳的管理效果。发展的过程实质上就是不断创新的过程，推动管理创新，才能够紧跟时代步伐。创新是当今社会的主旋律，学生管理制度的不断创新，无论是对于管理者还是学生而言，都将是一场全新的挑战，可以不断提升学生的能力，促进学生全方面发展。当今社会正在飞速发展，政治、经济及文化都在发生着日新月异的变化，为了使大学生不被社会所淘汰并且能够适应社会发展，保持原有的管理制度远远不够，推动管理创新在当今社会就显得格外重要。在多元的时代中，只有不断创新与完善，才能够承担起时代所赋予的责任。

3. 促进学生发展

管理与服务学生始终作为高校管理的重要工作，在日常生活中，管理学生实际上远远多于服务学生。在管理学生的过程中，应当为学生提供更多的帮助、就业扶持、心理疏导等，只有这样，才能使学生更好地服从管理，并且不断向前发展，无论是创新能力还是主观能动性都能够得到进一步提升。统筹教育资源，学校的各个部门相互配合、紧密联系，给予学生更多生活上及就业方面的帮助，更有助于促进学生的全面发展。

第三节　高校教育教学中的师生沟通

在校园生活中，大学生最重要的社交对象就是教师。学生希望自己被教师所了解，得到教师的肯定和认可，教师期望自己的课堂教学能够实现预期的目标，也必须通过学生的积极配合才有可能实现。高校教师的责任，不仅要启迪学生对知识的探索，也应当是学生的良师益友，用自己的阅历和知识，帮助学生的身心成长。沟通对教育工作起着非常积极的促进作用，高校师生交流普遍较少，通过有效沟通，能够促进学生有效学习。良好的师生沟通方式是彼此自在舒适、适宜畅达交流，让学生从内心感受到教师的诚意，对老师产生敬重和信赖。教师应有意识地学习沟通技巧，提升自己的沟通能力。这样的师生沟通才能用心和走心，学生需要关怀的心灵才能得到慰藉。

沟通是将内心想要表达的信息、思想以及情感在个人或群体之间通过语言、文字和动作等表达方式来进行传递并获取理解的过程。沟通是双向的，我们既是信息的发出者，也是信息的接受者，沟通的方式多种多样，大体上分为语言沟通和非语言沟通，其中非语言沟通占比重大，例如，我们说话时的语速、语调、音色、音量，还有交流时的面部表情、肢体动作、身体姿态、身体距离等。

一、师生沟通的作用

"师生沟通是拉近师生距离的重要因素，沟通能够帮助学生解决问题和困难，让学生能够在好的教学管理氛围环境下完成自己的学业，努力实现目标。"[①] 目前师生沟通存在一些障碍和问题，如高校学生中特别是大一新生存在的心理问题较为严重。大一新生在踏进大学校门的时候就开启了角色转换与适应的过程，无论是生活方式、校园环境以及群体生活等，从不适应到适应。若教师在教育管理过程中未能及时发现问题所在或者沟通方式处理不当，很容易导致学生出现心理问题。在与学生进行深入沟通时发现，现今很多学生在家里与家长缺乏沟通，在学校与老师、同学由于关系生疏或者身份角色原因更是很少沟通，这会影响教师管理教育工作的开展，也影响学生的学习及心理健康。因此，教师需认识到沟通的重要性，沟通在师生关系中有着助推器的作用，教师不仅传道授业解惑，同样也是参与者、辅导者、学习者等。在高校，要构建公平、平等的教育

---

① 周晗琛. 建立心与心的链接，拉近心与心的距：浅谈高校师生间的沟通问题及策略 [J]. 科学咨询（科技·管理），2022（7）：127.

环境，开展更多的合作与交流，创建有效的沟通氛围。

二、师生沟通的策略

（一）真情关爱，激发学生的需求感

有效的师生沟通应当让学生充分感受到教师的真诚，教师应充满诚意地去了解每一位学生，关爱他们的成长，用心去守护每一位学生纯净的心灵；学生都有自己的特点和闪光点，教师应充分去了解学生的性格特点以及兴趣爱好，发自内心地为他们加油，赞美他们。尊师爱生是良好师生关系的基本内容，这种关系对于教育学生的顺利发展，对学生个性的成长和品德的培养以及师生的心理健康都有着极大的作用。良好的师生关系靠师生双方的共同努力，在这一过程中，起主导作用的是教师，需要教师真诚、热情和充满爱心地去接近学生。

因此，教师必须具备服务精神、奉献精神、敬业精神，以及为人师表和以身作则的精神。教师的人格力量和行为规范是一种自然而然的身教，以自己独特的魅力赢得了大家的尊敬、信任。面对犯错误的学生，运用合适的沟通技巧并采取温和的态度，通过循循诱导的方式让学生主动意识到自身错误。面对优秀的同学，应当第一时间给予奖励和夸赞，学生能感受到老师的认同，感受到教师真挚的爱时，心情会愉悦，并激励自己不断变得更加优秀，从而对教师产生依赖感、信服感，抓住时机走进学生的内心世界，调动学生的积极性，遇到问题困难会第一时间寻求老师帮助。只要付出真心，必定会得来学生的尊重与爱戴。

（二）换位思考，用平等建立沟通开端

换位思考，即当处理一件事情的时候，试着让自己站在他人的角度去思考问题、处理问题。教师是学生学习生涯上的导航者，在茫茫无际的道路上指引学生前进的方向。与学生沟通应采取平等的方式交流，师生之间相互理解，利用换位思考能够有力地解决问题，同样师生间的感情也得到提升。

沟通从心灵开始，要与学生有良好和密切的沟通，先要扫除学生的"畏师"心理，对待每个学生，应采取公平公正的态度，使每个学生在参与活动中以及其他事项中都能得到其应有的机会，师生在交往过程中要互相尊重，这是建构交往型高校师生关系的基本前提。高校教师既不能因为自己年龄的优势、阅历或某一方面知识经验的丰富就居高临下，也不能因为知识的老化或跟不上潮流而感觉不如学生。例如，面对屡教不改的学生，在静心倾听的基础上，从更多的角度去寻找问题的症结所在，帮助学生认识到自身的不足，同时也让学生换位体验老师的不容易以及遇到此类学生的心情，这样学生能够从事情的

多方面去理解，才能心悦诚服地接受老师的沟通教育，利于营造平和、积极对话的氛围，拉近师生的情感距离。只有建立平等关系，师生之间实现换位思考，让学生看到一个愿意和自己并肩的教师，亲密的师生关系构建起来才有希望，沟通才会顺畅。

（三）情感共鸣，构建师生间的信任桥梁

教师在与学生沟通的过程中，要打通与学生之间的壁垒，拉近和学生心与心之间的距离，建立深厚的师生情谊。师生之间信任感的建立是相互的，即老师对于学生的信任和学生对于老师的信任。但是相互之间的信任也有先后之分，老师对于学生的信任要优先于学生对老师的信任，作为教师，要去接纳学生起初对老师的质疑。因此，要满足学生对老师的期待，就需要让我们自己具备真实、接纳和帮助的特质。学生和老师不是一种短暂的师生关系，应该看作是一种长期的朋友关系，需要彼此信任，信任依靠真诚，充分信任自己的学生，因势利导教育学生，只有在彼此充分信任的前提下，师生之间培养的感情才会更深厚，才是合适的教育良方。

（四）挖渠引水，让沟通之船一路畅通

合适的沟通方式能够促进师生之间的关系，建立和维持关系的关键技巧就是倾听，如果教师和学生都具有良好的倾听技巧，那么教学工作就会变得容易一些。好的方式是积极倾听，积极倾听意味着全神贯注地倾听，同时在沟通过程中老师要时刻关注对方表达的内容和情感，要善于从谈话中提取出学生所表达的主要观点和情感进行思考。善于倾听的教师，要能够关注学生的心声，不但能理解学生的言语信息，还要能明白学生没能表达出的思想和情感，提供及时、诚恳、清楚且信息丰富的反馈，要激发学生对知识和个人成长的深度与广度的探索。当学生能够感受到自身被充分重视和尊重时，他们就会用真心换真心，教师尊重学生，同样也能换来学生的尊重和理解。

在平时的工作中，教师应该主动地关心学生，尤其对于班级里的成绩不理想的学生、家庭经济困难学生，对他们的学习和生活关怀备至，随时关注学生的思想动态，尤其关爱那些有问题的学生，用爱去感化他们的心灵，用心去塑造他们健全的人格和良好的品质，用心用情去经营师生之间的情感，沟通之船才会顺利驶向彼岸。

沟通是一门艺术，师生间的沟通，光靠外在的渠道是不够的，还需氛围的疏导，教师要用心去无私地爱学生，每位学生都是一本值得认真品读的书本，慢慢感受其中的奥妙。良好的师生关系的建立和发展是通过师生的有效交往实现的，这种交往主要是通过口头言语的传递，但也经常借助于表情或其他方式，老师愿意多花时间与学生敞开心扉去进行精神和情感的交流，学生愿意和老师亲近，对老师有着敬重和信赖。有了这种氛围，学生的砥砺成才就有了自觉的引导。这种氛围如若能真正营造起来时，师生的沟通才能"走

心"，亲密的师生关系构建起来才有希望。沟通是打开心门的锁，是通向内心深处的桥，站在别人角度考虑问题，不仅是一种策略，更是一种美德。跟学生沟通，需要认真且耐心地了解学生，正确认识事情的性质，控制好自己的情绪，慎重选取处理办法，把握处理的最佳时机，运用灵活多样的处理方式，使沟通达到最佳效果。有效的沟通，能让教师与学生友好地互相合作、交流，学生在教师的引导下绽放自己的光彩，朝着目的地奋勇向前。

第三章 高校教育教学课程管理

第一节 高校课程管理的内容与方法

近年来，高校愈发重视课程建设与改革，全力把握好高校教育教学"新基建"的重要内容之一就是"抓课程"，高校课程管理的水平是影响课程建设与改革水平和成效的重要因素，"管什么""如何管"是探讨高校课程管理不可回避的两个核心问题。换言之，就是课程管理的内容和方法。

一、高校课程管理的内容

分析高校课程管理先就要明确"管什么"，熟悉高校中与课程相关的方方面面，清楚实际的情况。因此，考察高校课程管理的内容总体上可以依据理论和实践两个层面来进行。

（一）理论层面的内容

理论层面可以从对课程的理解入手，因为有效的领导和管理源于了解与理解构成课程概念基础的价值及理念。

一种理解受苏联影响，以凯洛夫的教育学为代表。凯洛夫将课程视为学校里开设的科目及其体系，课程内容是预先规定好的，教师按照既定内容执行就可以了。对课程与教学的关系的认识是"大教学小课程"，教学是上位概念，包含课程。在这种观念下，管理关注的是通过制定规章制度更好地将已经编制好的教学计划和已经确定的课程内容执行好，重在运行和执行；同时对运行和执行情况进行监督与评价，关注点主要放在教师的教上面。并且这种认识持续到今天依然有市场，例如高校中相当一部分教师在制定教学大纲时照搬照抄教材目录，不是依据培养目标、课程目标来选择和组织课程内容；课堂教学是教"教材"；学生评教、同行评教和专家评教长久不衰，强调的是对教师教的行为的评价和学生学习的结果的评价。

另外一种理解受欧美的影响，对课程与教学的关系的认识是"大课程小教学"，课程是上位概念，教学相当于课程的实施。把课程理解为学校按照一定的教育目的所构建的各学科和各种教育、教学活动的系统。以拉尔夫·泰勒为代表，众所周知的"泰勒原理"强调教育目标（课程目标）的主导作用，围绕目标来选择和组织学习经验，最后评价目标是否实现，更加重视课程的开发。教师们需要依据学校的办学定位、培养目标和专业人才培养目标来确定课程目标，并依目标来选择和组织课程内容；评价更关注课程本身，而不仅是课程效果；课堂教学是用"教材"教。在这种观念下，不仅需要更好地对运行和执行进行管理，对其进行监督和评价，更需要为课程产生的过程（课程开发）提供支持和对其进行监控，对课程本身进行评价。

（二）实践层面的内容

第一，制定人才培养方案和配套的教学大纲，夯实人才培养目标和毕业要求达成的基础。对课程体系整体设计，处理好通识教育和专业教育、理论教学与实践教学、必修和选修、课内和课外的比例关系。对"标"设置课程，这个"标"包括国家、地方、行业企业对人才培养的基本要求，以及普通高等学校本科专业类教学质量国家标准、师范类专业认证标准、工程认证标准等基本规范和专业标准。优化公共课、专业基础课和专业课的比例结构，保证思政课、劳动课、军事课、公共艺术课程、创新创业课程、国家安全教育课程等国家明文规定需开设课程的开设。

第二，严格执行人才培养方案，凸显教育的计划性。严格按照指导教学的纲领性文件——人才培养方案开设课程，应开尽开。明确教材选用的原则和基本要求，规范选用教材，特别是"马工程"教材达到应选尽选，境外教材的选用严格按照有关文件的规定执行。为保障人才培养方案的顺畅运行，还需要配套制定保障人才培养方案运行的规章制度。

第三，制定课程建设规划，稳步推进课程建设。制定课程发展规划或课程建设方案，有步骤有计划地加强培育学校的优质课程。从课程类别上讲，率先建设专业核心课程和受众面广、影响范围大的公共基础课程（通识教育课程）；从课程类型上讲，突出思想政治理论课程、创新创业教育课程、劳动教育课、心理健康课程、职业生涯规划与就业指导课程、与行业企业共建和共同讲授课程等，开办有师范专业的院校还要突出教师教育课程。从课程建设入手，着力提高人才培养能力，夯实振兴本科教育的基础，同时也为申报高级别的课程建设项目做培育、打基础。积极申报和建设各级各类课程建设项目，近几年以一流课程、课程思政示范课程、应用型示范课程、创新创业示范课程等项目为重点，有步骤有计划地加强培育学校的优质课程是申报成功各类高级别课程建设项目的基础，反过来各类高级别课程建设项目又可以作为"领路人"引领带动学校的优质课程建设，并且在一定程度上彰显了学校的课程建设水平、办学实力和水平。另外，各级各类课程建设项目比较多，需要理顺它们之间的关系，强调一流课程和课程思政示范课程的建设，是要求学校的每一门课程在课程内容上都要体现"两性一度"的高质量要求，都要充分挖掘课程中蕴含的思政元素实施课程育人，这是每一门课程的底色和本色；应用型示范课程、创新创业示范课程等强调的是课程的特点。

第四，融合信息技术，丰富课程资源和进行课堂"革命"。（1）引入优质线上课程资源，特别是国家级、省级精品在线开放课程（线上一流课程），弥补学校课程资源的不足，满足学校教育教学所需，并可以作为"样本"为学校优质课程资源建设提供范本和案例。（2）建设网络教学平台，为学校优质课程建设提供依托，为线上课程、线上线下混合式课程的运行提供"环境"，为课程评价提供翔实的基础数据等。（3）建设精品在线开放课程（线上课程），包含面向社会开放的大规模网络课程、针对校内特定群体进行的小规模网络课程等，融合现代信息技术来建设、推广、应用学校的优质课程资源。（4）促进现代信息技术与教育教学的融合，以大学生学习方式革命推动大学课堂革命，进一步推进适应教育教学新常态的课程的建设。

二、高校课程管理的方法

高校课程管理方法的构建要充分认识高等教育组织特性，遵循现代大学治理模式的演变和发展趋势，把握高校课程建设的规律和特点，改进高校课程管理，提高管理的有效性。

（一）优化并限制科层制，持续改进行政管理

高校去行政化是近年来高等教育领域持续关注的一个问题，但是高校去行政化与去掉大学的行政管理是不一样的，高校去行政化更多的是治理行政权力的"越界"问题，例如，行政权力对学术事务过多介入，排斥学术权力对学术事务的决策，学术权力按照行政权力的逻辑来运行的管理模式等。"从高等教育组织特性分析，大学具有理性科层组织与政治属性组织的双重属性"[①]，这就决定了大学的课程管理或者说课程治理不能完全摒弃行政管理这一方式。采用科层制组成管理系统还有许多优点：促进了高等教育管理的规范化、制度化与标准化，提高了管理效率，保障了资源的有效配置，最大化实现组织目标等。鉴于此，提高高校课程管理有效性的路径之一就是优化并限制科层制，持续改进行政管理。

---

① 张栋．高校课程管理：内容·主体·路径［J］．四川文理学院学报，2022，32（5）：158.

第一，强化管理人员课程建设与改革协调者、引导者、促进者、服务者的角色意识。高校的课程建设与改革有成效需要教师、管理人员、学生、社会力量等各方有效参与，各方利益诉求不同，管理人员就需要担负起"协调各方增进共识、形成合力，致力于课程建设和改革"的职责。高等教育改革属于学术改革范畴，它很少从内部产生，而是一种"外部引发，内部反应"的过程。这就需要课程管理人员，特别是学校层面的高层课程管理人员来引导和促进课程建设与改革，尤其是建立适当的学校文化——一种既支持学习者和教师又对其提出一定挑战的文化。

第二，明确校院两级从事课程建设与改革的部门和岗位的职责。科学合理界定校院两级在课程建设和改革上的职能，哪些工作由学校层面来推动，哪些工作由二级学院层面来落实；明晰分管教学副校长、教务处等与课程建设和改革有关的部门及课程管理者的工作职责，二级学院从事课程建设与改革的部门及课程管理者的工作职责。

第三，完善二级学院课程管理机构，适度增加课程管理人员的数量。职员人数多少和科层制运行的僵硬、行政化、行政滥权等没有必然关系。科层制的有效运行和科学管理反而需要一支数量充足、结构合理的高校职员队伍。高校的行政管理队伍太过庞大是经常探讨的问题，这里的行政管理队伍庞大确切说应该是高校机关职能部门的人员数量多，实际上二级学院专门从事行政管理的人员占比并不高。要求二级学院发挥能动性，加强课程管理，切实履行课程管理的职责的前提是健全机构、配备人员。在行政管理人员在高校师资队伍占比是有限定的前提下，精简高校机关职能部门管理人员的数量，充实二级学院的课程管理力量是应有之义，从而更好地将"服务意识"落实为"服务的行动"。

第四，简政放权，科学合理适当下放课程管理权限。与"精简高校机关职能部门管理人员的数量，充实二级学院的课程管理力量"相辅相成的是管理权限的下放。校级层面的课程管理要实现由微观管理转化为宏观调控，由过程管理转化为目标管理，由制约管理转化为激励驱动。

（二）关注协商民主制，进一步加强学术管理

追求学术自由，自觉维护和尊崇学术权力是大学的传统。推崇教授治校正是这一传统的表现，这属于现代大学治理模式之一的学术治理模式，它的权力来源是以知识与学术为基础的学术权威、学术能力与同行评价，相比另一种现代大学治理模式——科层治理模式，其权力来源是组织的正式授权，更容易被教师所接受和认可。随着高等教育的发展变化，从各国大学内部治理体系的情况来看，纯粹以学术主导的治理方式呈现出式微之趋势，并且高校课程建设与改革是专业性很强的工作，属于学术事务与活动的范畴。考虑高等教育组织的特性、高等教育的基本常识等，提高高校课程管理有效性的另一路

径就是关注协商民主制，进一步加强学术管理。

第一，建立健全专家组织。单独成立专门的专家组织来就课程建设和改革中的重大事务进行审议、决策和提供咨询；或者明确学校现有的某个专家组织，如教学指导委员会、学术委员会等，承担起相应的职能。再就是考虑专家组织的人员构成问题，充分重视学校中学术能力强、同行评价高、享有学术权威的教师的作用，将这部分教师纳入专家组织；专家组织的成员中来自行业和用人单位的比例不仅需要实现零的突破，还需要达到一定的比例，建立配套机制支持他们全方位全过程参与学校的课程建设与改革。还要面对一个现实，绝大部分高校中能进入专家组织的教师同时也担任行政职务，如校级领导、职能部门的处长、二级学院的院长，在行使学术权力时要实现角色的转换，避免按照行使行政权力的方式或思维来行使学术权力。

第二，提供给课程建设与改革主体表达意见和建议的正式渠道及非正式渠道。专家组织的设立给行业、用人单位和极少部分教师提供了渠道，但是广大教师和学生是课程建设与改革的最直接相关利益者，在就课程建设和改革中的各项事务进行决策时要充分尊重广大教师与学生的意见与建议，明确这个群体的参与权和发言权，提供正式的渠道，如校领导接待日、校长教师座谈会、校长学生座谈会等，才能彰显决策的民主性，力戒表面功夫做足、背后根本不听的"垃圾桶决策模式"。同时，提供非正式渠道给各主体来就课程建设与改革的事务进行沟通和交流不容忽视。

（三）提高课程管理站位，强调综合建设改革

切实有效的课程管理体现在：课程建设与改革有计划、有步骤地全面铺开，课堂确实发生了"革命"，培养目标和毕业要求切实达成。提高高校课程管理有效性就是提高课程管理站位，强调综合建设改革。

第一，建立课程管理的综合机制。以建设线上线下混合式一流课程为例而言，引进优质的线上课程资源、建设网络教学平台是"硬"前提，但更重要的是"软"前提，即合式教学的推广和应用。要推广和应用混合式教学，使其成为今后教育教学新常态，前提是教师们要厘清"何谓混合式教学"，在理论层面有深刻的理解和把握，在实操层面有直观的感受和体悟。为保障混合式教学在高校内的全面铺开还需要出台配套的教学管理办法，在运行管理、督导检查、教学工作量的计算等方面都需要做出科学、合理的安排。需要建立起综合机制，统筹协调各方力量，形成合力。

第二，凸显二级学院课程建设规划的重要性。课程建设规划上，特别强调是办学主体——二级学院的规划。二级学院的课程建设规划是与专业内涵、特色建设紧密联系的。在专业人才培养方案教学计划表中列出的专业基础课程、专业核心课程的建设是二级学

院课程建设的重中之重。有明确的课程建设规划，教师队伍建设、实验室建设、教学研究与改革等自然就有了重点和方向。尤其是在人、财、物等资源配备不够充分和宽裕的高校，二级学院制定合理的课程建设规划尤为重要，可以集中力量办要紧事，无计划往往会造成有限资源的重复浪费和无效消耗。

第二节　高校课程管理体制及其构建

高校课程管理就内部机构设置而言，校、教务处、院系三级机构比较合理，这三级机构主要是行政管理机构，作为完善的校内课程管理体制还应该设立负责审议、咨询或决策的专业性机构和团体，后者在我国高校内部的课程管理体制中是相对缺乏的，需要建设的是校内课程管理的监督、审议机构。目前的高校学术委员会对专业的设置具有审核的权力，但难以承担起对课程的监督职责，应该在校学术委员会之下设立各专业的教学委员会，结合院系的学术委员会和教研室，吸收更多的专业教师对课程的开发、实施系列过程进行评议、调节和建议。

高校课程管理机构虽比较完善，但由于一直以服从中央的安排为主，高校课程管理的主动性不大；高校内部长期按统一步调行事，教师的主动性也没有得到发挥。《中华人民共和国高等教育法》已明确规定"高等学校依法自主设置和调整学科专业""根据教学需要，自主制订教学计划，选编教材，组织实施教学活动"。因此，高校必须对课程实施主动的管理，否则高校课程会陷入混乱，从而使高校办学水平降低，以致无法维持。作为领导层的校级和教务处主要的任务是做好课程的决策及对院系级课程方案实施的审批、监督、规划，应将具体的课程内容、专业课目设置、学时安排等课程事项交给院、系、教师处理，既然院系是校内专业思想和专业知识的汇集之处，那么就应该允许它们有更多的决策权。就某种程度来讲，这一逻辑也表明院系中的专业教师和专业管理人员由于具有专业知识并与周围环境、学生直接发生关系，因此应该拥有对具体课程事项的更大影响力，即教师在决定教的内容、怎样教和教的对象方面具有更大的自主权。

高校课程管理体制应该调整课程建设的权力结构，赋予高校教师更多的课程自主权力和责任。所有的课程计划或开发应给教师充分的参与机会，从课程的最初计划到最后课程的产出的整个过程，教师是参与的伙伴，教师的观点、建议应得到妥善采纳和处理，并在课程中体现出来。行政人员要改变控制一切的心态，鼓励教师控制教学过程，即在高校课程的编制、实施和评估反馈的循环中，扩大教师专业能力对课程的管理。

高校课程管理还有一个不可忽视的群体——学生，学生在课程等学术性事务中不占主导地位，但对课程的形式、时间安排和某些项目的设置有很大的影响，学生也是课程评价反馈的重要力量。因此，应给学生更大的专业和课程的选择权，实行比较完全的学分制，使课程形式更加灵活，以适应和满足不同学生的需求，另外，应通过教务处、院系积极吸取学生对课程的要求、评价等反馈意见，使课程得以更好地改进。

第三节　高校课程考试管理体系建构

"课程考试是高等教育教学过程中的一个重要环节，是评价教学得失和教学工作信息反馈的一种手段，也是稳定教学秩序、保证教学质量的重要途径之一。"[①] 因此，做好高校课程考试管理，使之科学化、规范化、合理化，是高校教学管理工作的一项重要内容。要实现高校课程考试管理科学化、规范化、合理化，关键在于：推进考试观念的深层次转变建立考试中心，完善考试管理规章制度；培养和建设高素质的考试管理队伍；实施科学的教考分离；考试方式多样化；重视平时考试；实行全程管理。

一、高校课程考试及管理体系的功能

考试的概念有广义和狭义之分，本书中的"考试"是狭义的考试，即由主试者根据一定的社会要求，在一定的场所，采取一定的方式方法，选择适当的内容，对应试者的德、学、才、识、体诸方面或某方面所进行的有组织、有目的的测度或甄别活动。因其性质、目的、内容、方法、手段的不同，考试可分为众多类型，如根据目的的不同，考试可以分为配置性考试、形成性考试、总结性考试和选拔性考试，课程考试就包含了其中的形成性考试和总结性考试。形成性考试是在教学过程中进行的各种测试，主要目的是了解教学效果，及时发现教学过程中存在的问题，以便改进，并为平时成绩的评定提供依据。总结性考试是在课程结束后进行的，主要目的是督促学生全面系统地复习，并对学生的学习效果和教师的教学效果做出评价。

（一）高校课程考试的功能

高校课程考试是指高校内部根据课程教学目标的要求和高校教育目标的具体规定，自行主持实施的考试活动，包括平时测评和学期考试。其基本任务是检测学生的学习成绩，

---

① 岳若惠. 现代教育理念下的高校教育教学管理 [M]. 杨凌：西北农林科技大学出版社，2013：124.

督促学生学习，发现教学中存在的问题。其目的在于掌握高校的教学情况，改进教学和督促高校教育目标的实现，其功能可归结为下述五种：

第一，检查测评功能，即检查和评定学生对课程大纲所规定的基本知识、基本原理的掌握程度。考评和检测学生运用所学的基础理论在实践过程中分析问题、解决问题的能力、创造力和潜力。

第二，导向功能，即"指挥棒"作用。通过对考试内容、考试形式的合理安排，引导学生的学习，使学生达到预定的培养目标；通过严密的考试规程、考试结果的客观评价和公正使用，培养受教育者务实求真、遵规守纪、崇尚科学的习惯，增强行为主体的责任感、公德意识。

第三，激励功能。考试作为一种检察学生学习效果的手段有着反馈作用，而反馈结果又对学生起着激励作用，考试结果可以反映学生的知识掌握程度和能力发展情况，以及所存在的问题。此外，考试作为一种检查教学成果的手段，对教师有着激励作用。考试结果反映了学生的学习情况，而学习情况又反映了教师的教学投入、教学内容、教学方法和总体教学水平，教师可通过考试结果总结发现薄弱环节。

第四，鉴定功能。教育管理部门通过对考试结果的分析、认可后，依据有关规定，对学生、教师和教学管理人员进行鉴别，以区别优劣，进行奖赏。

第五，系统整合功能。由于学生平时学习时节奏较慢，章节之间难以做到全面领会，而考试来临之际，学生已完整地学过一门课程理论，他们可以将所学的基本知识和基本技能进行系统、全面的归纳、整理，进一步地将各部分所学的内容有机地联系起来，以达到融会贯通。学生的归纳综合能力、思维能力、创造能力和自悟能力在这一过程中可以得到全面系统的综合发展。考试功效的实现是需要一定条件的，离开了一定的条件，考试功效非但不能实现，甚至会严重地扭曲。这一定的条件就是量尺标准、实施规范、结果真实和使用公正，其中任何一方面出现偏误，都将影响考试功效的正常发挥，而这些条件的创设，就必须依靠严密科学的考试管理。

（二）高校课程考试管理体系的功能

考试管理是以考试活动为对象，以提高考试活动效率、实现考试活动预期目标为目的的专门性的管理活动。高校课程考试管理则是以高校课程考试为对象，以提高考试活动效率，检测教师课堂教学质量，发现教学中存在的问题，充分评估学生的学习效果和学习创造能力为目的的管理活动。严密科学的考试管理具有如下功能。

1. 维护考试权威

现代社会中的各种考试都有其特定的目的，无论哪种考试，其程序、内容、方法一且确定，不管是考试的组织者还是考试的参加者，都必须受到考纪考规的约束，而通过考试所获得的结果，都有法定的或公认的功用和社会价值，这就是考试的权威。任何一种权威的建立和维护，都离不开一定的条件，建立和维护考试权威的条件是考试的各种规章制度，它是对考试活动全过程的管理。考试管理是保证考试预期目标能够得以实现的活动，即对一切有可能影响、阻碍考试预期目标实现的行为予以劝告、制止直至强行控制的活动。科学而有效的考试管理可以保证考试活动能在公平、公正的环境中进行，使获得学生对课程考试的认可，并积极地参与考试且自觉地维护考试的规章制度。

2. 实现考试功效

任何社会活动功效的实现都离不开一定的条件，考试活动不但是一种社会活动，而且是一种特殊的社会活动，只有具备了一定的条件，考试功效才能实现，而这些条件的创设，必须依靠严密科学的考试管理，即把考试活动的全过程置于有效的控制之中。同时，这种控制必须是全方位的。所谓全方位，是指考试活动全过程的每一个方面和每一个环节都必须有严密的控制措施。从考试的各个环节来看，无论哪个环节出了问题，都会给考试的功能造成危害。考试成绩的失真，不能发挥其检查教学效果的作用，不能使学生比较真实地了解自身在科学文化知识，以及技能等方面的优与劣。施测前后出现的问题，如考场设置、考试质量分析等，有时看上去是小事，但如不及时纠正，任其发展，对勤奋学习者是压抑，对投机钻营者是一种放纵，这不但不能实现考试功效，而且从道德标准、是非标准上来看是一种扭曲。

3. 树立踏实进取学风

所谓学风，即治学之风尚，立校之根本，它是广大师生员工在科学研究、思想教育、行政管理和后勤服务等工作中共同努力建立起来的一种治学态度。因此，学风建设是高校工作中一项重要的基础建设，是学校教育中一个不可忽视的问题。首先，良好的考风和学风具有很强的感染作用。学风是一种精神力量，它可以被感知、效仿、传播和宣传鼓动，从而形成强大的心理影响力和群体舆论，感染并熏陶每一位师生，而且对不适应者形成压力，使个体行为逐步适应群体行为。其次，良好的学风具有激励作用和良好的导向作用。多数学生的良好学风对少数学生的不良学风是一种示范和鞭策，促使具有不良学风的学生转向接受这种行为准则。同时，当坚持良好学风的个人受到学校的表彰时，学生会受到很大鼓舞，甚至将这种学风内在化，成为个人治学和成才的座右铭及行为准则。

严密科学的考试管理可以帮助学生形成正确的是非观，是非观是人们思想道德和行为的基础。如果在考试管理中法纪严明，不仅可防止或减少违法、违纪现象的发生，而且会引导学生对考纪考规的重要性、严肃性形成正确、明晰的认识，强化执法、守法观念，逐步养成遵纪守法的习惯，提高法纪素养，它有利于消除投机取巧的病态心理，树立踏实进取的学风。可见，严格考试管理是促进学风建设的一个重要环节。

二、高校课程考试管理体系构建的原则

课程考试是教学过程中十分重要的环节，它不仅要完成对学生在经历一个教学过程后学习情况评价的任务，而且还要检查教师的教学效果与水平，诊断教学中存在的问题，反馈教与学过程中的各种信息，进而发挥促进教学改革的作用。它所特有的检察测评、导向、激励、鉴定和系统整合五大功能是其他教学环节所不能替代的。高校课程考试必须适应社会发展的需要，必须适应被考者的身心发展水平，必须有利于促进和客观评价学生综合运用所学知识解决实际问题的能力，必须有利于提高教师教学水平，以保证不断提高人才培养的质量。考试原则是从事考试活动、处理各种考试问题、规范考试行为所必须遵循的基本原则。

课程考试管理是一项基本的教学管理，是保证考试的公正性与客观性，正确发挥考试功效，促进教学工作的关键环节之一。考试管理质量直接关系到教风、学风的建设和教学质量的提高，是衡量学校办学水平、管理水平的重要标志。构建高校课程考试管理体系应遵循以下原则：

第一，方向性原则。考试管理是管理者根据既定考试目标要求，运用适当的程序、方法、手段及行为规范，合理调配人、财、物、信息等资源，对考试活动实行有效控制，以实现共同目标的一种社会活动过程。考试管理既因一定管理目标的需求而启动，又以实现预定目标为归宿，其管理过程的产生与形成均以一定的管理目标为先决条件，而目标本身总要体现为一定的方向，目标的正确与否要以所引导的方向是否正确作为衡量的标准。因此，科学的考试管理必须坚持方向性原则。

第二，科学性原则。科学性原则是指运用现代管理理论、教育测量与评价理论、教育管理理论、心理学理论等作为充分的科学依据，使考试管理活动具有可靠性、可信度，并采用科学的考试管理方法、成熟的管理经验，使考试管理活动行之有效，以利于实现预期的管理目标。

第三，公正原则。考试管理公正与否，关系到考试的权威性，反映的是校风考风的建设程度，而且，考试直接关系到被试者的切身利益，直接影响被试者的心理，影响着个体对社会的态度。因此，我们要积极地创造条件使考试尽量接近公正。

第四，系统原则。系统是指由相互联系、相互作用的若干组成部分构成的有机整体，这个整体具有其各个组成部分所没有的新的性质和功能，并和一定的环境发生交互作用。考试管理是一项系统工程，它包括教学管理工作、思想政治工作、后勤保障工作等方面，

涉及教学系部、学生处、党团组织、总务、保卫等部门，教学管理部门要妥善安排，使考试工作井然有序地进行。

三、高校课程考试管理体系构建的条件

考试管理，其目的在于维护考试的标准规范，维持考试实际运作与计划方案相一致，使考试沿着预先设定的轨道运行，同时对不切实际的计划予以及时调整，纠正运行过程中出现的偏误，矫正反馈信息中不确切的数据或结论，保证考试结果的真实性，并从中分析成功与失败的原因，探明修正的途径，通过反馈给新的考试运行提供理论及实践的依据，将考试目的从观念形态转化为现实形态。高校课程考试管理体系的构建应具备以下条件。

（一）构建健全的考试组织机构

若无健全的考试组织机构，自然就无法深入开展考试实践中相关问题的研究，要不断更新、完善考试的理论，用以指导新的考试实践，进而强化考试主动适应社会发展需求的能力，使之正确发挥其功能。考试组织是考试队伍的依附体，考试组织不健全，就不可能形成稳定的专业考试队伍，整个考试的设计、实施与管理必然是临时拼凑，量尺标准、实施规范、结果真实的施考目标就难以企及。

（二）培养素质优良的考试管理队伍

一切先进的控制技术设备，各类考试行为规范，各项工作标准都有赖于高素质的控制者通过对人的有效控制才能充分发挥其作用，进而给考试运行以积极的影响。培养和造就一支高素质的考试管理队伍是保证考试质量、提高考试效率和效益的需要。参考考试管理系统的运行环节，考试管理队伍可以划分为考试行政队伍、考试业务队伍、考试科研队伍三类。

第一，考试行政队伍。考试行政队伍是考试队伍中常规性的人员配置组合，它包括学校、职能部门和教学单位的领导者和一般行政工作人员。考试行政队伍的职责是保证考试管理机构各项职能活动的顺利进行和考试管理目的的有效实现。

第二，考试业务队伍。如果说考试行政队伍的建设是源自加强考试活动外部组织管理的要求，那么，考试业务队伍的建设则是出自考试流程内部运行的要求。考试活动是一个动态的运行过程，其流程要经过命题、施测、评卷等依次相连的环节，各个环节都事关考试的质量。以命题队伍为例，倘若命题人员不能把人才评价标准准确体现于测试内容和目标中，作为充当测试工具的试卷就失去了效用，考试活动的效果、价值也就无从谈起。

第三，考试科研队伍。考试科研队伍是伴随着现代考试改革和发展的深入而日益显示重要性的一支必不可少的考试队伍，其职责是结合高校教育教学实际，重点研究课程考试的理论与实践问题，从而为学校的考试活动提供理论指导。高校课程考试时间的非经常性决定了考试管理队伍的非专职性，也就是说，他们基本上都是兼职考管人员。应该特别指出的是，为了保证课程考试质量的不断提高，非专职性的考管队伍应该具有专业性的水平。

（三）科学构建考试规范、程序和控制标准

考试规范、程序和控制标准是实行考试控制的依据和准则，是引导考试运行方向、防止考试运行偏离预定轨道的保障措施。同时，它也是维护考试权威性、公正性的必要条件。所谓考试规范，即考试运行的规程和参与考试活动各类人员的行为准则。它是控制考试运行的直接依据，一般包括考务规程、命题细则、监考守则、试场规则、评卷实施细则、考试信息管理规定、保密规定、违纪处罚规定等。严密的考试程序是指考试命题、实施到评价分析反馈、考场编排、各类工作人员配置等各个环节都要严格要求，注重考试的整个过程。科学的考试控制标准包含时间标准，如命题制卷、考场设置、施测、阅卷评分、考试结果分析处理等的起止时限要求；数量标准，如考点设置，考场编排，试卷长度和满分值、试卷印制与分装、施测环节各类工作人员配备、阅卷人员及所需设备配置的数量规定等；质量标准，如考号及考场编排的科学性，考点、考场设置的规范性，各类人员配置的合理性，施测控制的严密性，试题编审和试卷印制的合格率，试卷分装的标准性，评分、计分、登分、核分的准确率或差错率以及考试成绩的可靠性、有效性和公正性。

（四）完善良好的信息传输与反馈机制

从整个考试的过程来看，考试质量分析是信息反馈的主要途径，应该根据考试结果为学生提供反馈，以检查教学目标的实现情况，检查教学措施的实施效果，发现教与学两方面存在的问题，从而改进教学工作。研究表明，运用反馈以增加学生课堂反映数量和提高学生课堂反应质量的教学，对促进大学生批判能力的发展有一定作用。从教师自身而言，在试题反馈分析的过程中能够及时收集来自学生的真实信息是非常重要的，是一次向学生学习和自身学习的过程，通过试题反馈分析，教师不仅了解了学生的学习需求与希望，看到了命题中需要改进的问题，并能从这一教学情景中获得许多启示和感悟，通过与学生交流，促进教学反思，在反思中学习，在反思中丰富教学经验，从而提高教学能力。从教学管理的角度而言，组织试题反馈分析的过程就是检查、反思、总结、促进教学相长的过程，它为今后命题、考试、评价等诸方面教学管理工作积累了宝贵的经

验，同时也为教学双方提供了一个平等、真诚的教学交流和情感互动的平台，对师生双方都起到了积极的促进作用。通过考试的质量分析，能够使考试决策层及时客观地了解考试的情况，从而对考试活动中出现的种种偏差进行分析，以探明造成考试偏差的原因，并进行调节和控制。良好的信息传输与反馈是保证考试决策正确的重要依据，也是促使考试走向科学化的必要措施。

四、高校课程考试管理体系构建的对策

高校课程考试管理是一个由多因素组成的相互制约相互促进的封闭的动态系统，因此，改革高校课程考试管理应该坚持系统论的观点和方法。

（一）推行考试观念的深层次转变

思想观念是行动的先导，"欲革新，先革心"，由此可见，转变高校领导、教师、管理人员乃至学生关于课程考试的观念，是推进高校课程考试改革的前提和基础。

关于考试观念的转变，必须解决以下三个问题：首先，必须正确认识考试在人才培养中的作用与地位。考试的功能是其他教学环节所不可替代的，这就是它在人才培养过程中的作用与地位，也是一种客观存在。其次，目前，高校从领导到教师再到一般教管人员不是没有或基本没有认识到这种重要性，就是虽然对此有所认识，但在实际工作中并未重视其作用的发挥，或基本没有研究过如何去发挥这种作用。高校领导、教师和教管人员不仅在口头上，更要在思想上真正承认考试是一门科学，要真正弄清、弄懂这门科学，因为唯有了解、掌握了考试的理论，运行规律、方法与技术，才有可能在课程考试中正确、有效地运用这门科学。最后，必须正确认识考试管理是一项关系考试成败、人才培养质量的系统工程。考试活动是一门科学，考试管理活动是考试活动的重要组成部分，因此，考试管理理所当然也是一门科学，考试管理不仅是一门科学，也是一项系统工程。

综上所述，对于高校领导、教师和教管人员来说，一是要真正认识考试管理是一门科学，是一项关系考试成败、人才培养质量的系统工程；二是要学习、掌握这门科学，了解、熟悉这一系统工程的特点、运行规律和控制理论与方法等，唯有如此，才能够确保课程考试组织实施的科学有效性。

（二）建立考试中心，完善考试管理制度

考试管理要系统化、规范化，首先必须建立健全考试管理机构。考试是一项系统工程，为保证考试的顺利进行，提高考务人员的业务水平和考试管理质量，高校应该成立考试中心，统一管理高校课程考试。作为高校考试的综合管理机构，考试中心的职责与任务

包括以下方面：

第一，统一规划、组织和实施高校的课程考试。传统课程考试的模式是高校制定统一的要求，各教学单位自行命题、制卷、施测、评卷、登分，有的高校有总结评估的环节，有些高校没有。课程考试事关人才培养质量，又是一项科学性、技术性很强的系统工程，应该由学校即考试中心统一规划、组织和实施。

第二，建立、完善课程考试管理规章制度并坚持严格地实施。课程考试的主要目的或功能是育人，是有利于人才的培养和成长，为了实现这种功能，达到这种目的，课程考试及管理就必须科学严密。课程考试又是一项科学性、技术性很强的系统工程，故对其管理必须有一整套科学、合理、严密的规章制度，并在课程考试中坚持严格地实施。

第三，针对学校课程考试的实际和需要，开展课程考试的评估与研究。对实施的课程考试组织分析、评估和根据需要开展针对性研究一直是高校重视不够的薄弱环节，而这又是一项提高课程考试质量，进而有利于促进人才培养质量提高的重要工作，所以，这将是考试中心的一项十分重要的任务。

第四，承担考试管理方面的人员培训。课程考试的监考人员一般是临时和兼职的，对其进行培训是必需的，如组织他们学习《监考须知》《学生考试行为规范》以及《考试违规处罚条例》中的各项条例等，要求他们以高度的责任心和严肃认真的态度对待每一场考试。

（三）实施科学的教考分离对策

教考分离制度是一种现代教学管理手段。所谓教考分离是指将教学与考试分离进行，即将过去某一课程由任课教师自己命题、自己评分的做法改为从规范、标准的试题库中筛选、组合出符合要求的试卷，或由教学管理部门组织教学经验较为丰富的非任课教师依纲命题，并统一组织考试，统一评阅试卷。实行教考分离的目的是提高考试的质量和水平，为学生成绩的评定、教师的教学评价以及教学管理决策提供科学的依据，它有利于促使教师授课全面系统地贯彻教学大纲的各项要求，促进学生端正学习态度和良好学风的建设，这样既能促进教师的教，又能促进学生的学，充分体现了教师的主导作用和学生的主体作用相结合的教学原则，充分调动了师生的积极性。推行高校的教考分离需从以下方面入手：

第一，加强宣传，统一思想。教考分离势在必行，但大部分教师与教学管理人员对此认识还不足，心理上也还不太适应，甚至认为推行教考分离是对教师的不信任，表现出明显的抵触情绪，这在一定程度上增加了推行工作的难度。因此，推行教考分离的首要任务是加强对教考分离制度作用和意义的宣传，从学校上层、中层到教师，层层推进，调动各方面的积极因素，使认识统一到培养合格人才上来，以有利于逐步实施教考分离制度。

第二，科学合理地安排实行教考分离的课程。从教学总体效益上讲，并非每门课程实行教考分离都有利，如文科类的一些课程，本身要求学生涉猎广泛，如果把试题局限于课堂内的几本书，显然不利于培养学生的能力；又如理科的一些专业性很强、难度很大的后续课程，学校常常只有一两个老师熟悉课程内容，推行教考分离也不太切合实际。因此，学校应该在充分调查研究的基础上，科学合理地安排实施教考分离的课程。

第三，积极修订教学大纲，为课程实施教考分离建立前提条件。多年来，不少高校的课程大纲建设一直滞后，很多课程的大纲多年不变，不能适应时代的变化，还有很多课程没有教学大纲，原因是在以前教考合一的制度下，课程缺少大纲的矛盾暴露得并不明显。教考分离制度将教与考分为两条线，没有课程大纲则无法组织有效的教学，更无法组织有效的考试。因此，高校应积极组织力量修订、制定课程大纲，为课程实施教考分离创造前提条件。

第四，建立高质量的题库，使教考分离更科学化。实行教考分离的重要途径是建立科学的题库，科学的题库可以提供各种规格、各种层次及科目的试题，采用试卷库的试卷可以克服教师命题随意性带来的信度差和效度差的弊病，采用试卷库的试卷时由水平较高的非授课教师参加阅卷，这在一定程度上预防和杜绝了授课教师在考试环节中参与作弊的现象。学校内部考试通过这方面的改进可提高校内考试的质量与权威性，但建设科学的题库、卷库并非一蹴而就，它既是一项阶段性的、多方人员合力攻坚的综合技术工程，也是一项长期的、由专业技术人员不断充实、革新、完善的系统工程。在高校中因学科、专业的多样性，试题要注意学科性、专业性以及适应学生能力、教学水平变化的需要。

（四）构建多样化的考试方式

学校应鼓励教师根据本门课程的性质选择灵活多样的考试方式，突出课程的考核重点。国际上，大学考试的方式有很多，如无人监考考试、论文、开卷考试、阶段测试、试验和实地考察、答辩、专题讨论、口头演示、同学评价、图片演示、设计、制图或模型、个人研究项目、小组研究项目、自评、以计算机为基础的评价、资料分析、书评、图书馆运用评估项目、课堂表现、作文、实习和社会实践笔记或日记、口试以及闭卷考试等。这些考试方式的显著特点之一就是每一种形式都有与之相配套的设施和措施为后盾，以保证整个考试的有效性。

根据我国的实际情况，高校基本的考试形式可采用以下七种：（1）闭卷考试，指考试中不允许携带和查看任何资料的一种用笔答卷的考试方式。（2）开卷考试，指考试中允许携带和查看资料的一种用笔答卷的考试方式。该方法根据允许携带和查看资料的限制情况，可分为全开卷考试和有限开卷考试或一页纸开卷考试。全开卷考试指考试中允许携带和查看任何资料；有限开卷考试或一页纸开卷考试是指考试中允许携带和查看规定资料或写有学生自己总结和归纳课程内容的一页纸。（3）口试，指应试者通过口头语言来回答问题的一种考核方法（含答辩考核），它是面试中常用的一种。（4）成果考试（如设计、论文、报告、制品等），指应试者就某个具体问题或任务、项目通过查阅资料、计算、绘图和制作等环节，用规范的方式做出书面表达或形成实物作品的一种考核方法。（5）操作考试，指通过应试者现场操作或具体的工作实践，直接检测应试者所具备的从事某种工作的现有素质、技能与能力的一种方法，包括实务作业、样本操作和模拟操作等测试方式。（6）计算机及网上考试，指直接在计算机上答卷的一种考试方式。（7）观察考核，指通过对学生一定时期的观察，对其做出评价的一种考核方法。

每种考试方式各有其特点，单单一种考试方式不可能全面反映学生综合运用知识的能力，应采用其中几种方式相互组合以取长补短，这样既可以考查学生掌握知识的程度，又可以检验学生运用所学知识解决实际问题的能力，使考核结果更全面。还可以通过奖励措施鼓励并引导学生从多方面、多角度，用多种方法来解决同一问题，以培养和发展学生的创造思维能力。选择最佳的考试方式是提高考试效度的重要途径，适当灵活的考核方式能够进一步提高学生的学习主动性和自觉性，从而进一步巩固和深化所学课程的知识，举一反三、触类旁通，这样既能帮助学生克服死记硬背的学习习惯，又能锻炼他们各方面的能力，从而达到育人的目的，同时也在一定程度上减弱了学生作弊的动机。改革考试形式并不是简单、孤立的问题，它需要各方面的配套改革措施，需要有规范的教学政策和条件来支持，尤其要求改革传统的教学管理体制。考试形式与教学思想、教学内容、教学方法、课程安排和师资队伍建设等都密切相关，所以，考试方式的改革不仅需要鼓励广大教师改革考试的内容，还需要各方面的配合与合作才可能取得成功。

（五）重视学期中的平时考试成绩

高校要结合课程总结性考试与平时考核进行综合评价，并逐步加大平时考核成绩在总成绩中所占的比例，要实行百分制、等级制、评语相结合的评分方法。加强对学生的平时考核，并不是频繁增加考试次数，而是任课教师在教学过程中，根据不同阶段的教学要求，灵活运用提问、讨论、作业、小论文、小测验等方式了解学生的学习状况，并通过测验获取教学信息，从而指导教学更好地开展。

（六）考试要实行全程管理

考试管理分为考前管理、考中管理和考后管理，如某一环节工作不到位，就会失去考试的真实性、客观性和公正性，达不到考试的真正目的和效果。因此，要达到考试的目的与效果，要对考前的计算机抽题组卷、试卷打印、分装保管、保密等做到可靠，对考场考号编排做到合理，对监考人员业务培训做到熟练；考试结束后，要实行统一阅卷制，要建立试卷分析制度，要进行考试后的评估。要使用现代化的手段科学编排考场，对考场编排应按考场的大小确定考生人数，实行单人单桌，考生之间间隔两个以上座位，学生凭准考证或学生证进入考场，对考生实行保密号就座的方法，即每场考试前由计算机对考生随机编号，考前15分钟由班主任宣读每个考生的保密号，考生按保密号进入相应的考场，并对号入座参加考试，考试时把保密号填写在试卷的指定位置上。考试成绩评定后，可将保密号及分数输入计算机，系统会自动对号还原成学生成绩，这样首先能杜绝替考现象，其次能有效地减少学生协作作弊和偷看，最后由于试卷上除保密号外不再出现学生的学号和姓名，能防止阅卷统分过程中教师给学生加人人情分的可能性。考试质量分析和信息反馈是现代考试流程的一个基本环节，是现代考试管理的一项常规工作，通过考试质量分析这个环节获取的大量信息经过整理、研究，并及时进行信息反馈，对于改进和完善考试工作、提高考试质量、促进考试走向科学化具有重要的作用。

（七）促进网络考试的改革

21世纪是知识和信息的时代，高校课程考试方式和内容应与时俱进，顺应知识和信息快速发展的局势，充分运用信息时代网络信息平台提供的方便，使考试管理既严肃、科学，又灵活、多样和开放。我们要以激发学生的学习和探索知识的兴趣为前提，使学生处在相对轻松的课程学习过程中，为掌握更多的知识和提高分析解决问题的能力而学习，以提高教学质量。从考试方式上，高校可以打破传统的以闭卷考试为主的方式，根据不同专业、不同课程的性质或特点，灵活运用闭卷、开卷、笔试、口试、答辩、论文、操作等多种考试形式和方法，并增加考试机会。从考试内容上，提出拓宽考题所涉及的内容，增加考核学生分析和综合运用能力的题型。在命题时，要严格考试命题，坚持教考分离，严格命题环节，加强试题库建设。在评价中，可以通过学生自评、学生互评、小组评价、教师评价等多种形式进行。通过这些丰富多样的考核形式，能促使学生开放性个性和创新意识精神的形成。

网络考试是指通过局域网或者互联网，并利用计算机进行考试的行为，网络考试和在线考试以及网上考试的概念都是一致的。网络考试将传统考试的各种工作流程通过计算机实现信息化和电子化的管理，使各种考试可以在网络平台下实现，它包括组卷系统、考试系统、阅卷系统、成绩查询分析系统、试卷制作管理系统。该种考试形式在实现无纸化考试的同时，也强化规范了教学评估的手段，适应多媒体教学的层次和水平，同时也提供了科学准确的教学研究数据，具有传统考试形式不具有的优势。

目前，高校已有完善的网络系统，包括信息联网共享系统和大型计算机房，许多学生都有自己的个人电脑，高校实施网络考试的硬件已经具备。同时，高校具有一批高水平的计算机专业知识的教师和相关技术人员；所有高校大学生在入学第一学期都有计算机基础应用的课程，这为进一步提高大学生的计算机理论和应用打下了基础；许多成熟的网络考试平台或软件已应用于不同行业的考试中；许多高校都有计算机和信息技术相关专业，等等，这些都是高校实施网络考试的软件。通过合理地调配和运用这些硬件、软件，高校已具有了全面实行网络考试的条件。网络考试有许多明显优于传统考试形式的优点，具体如下：

第一，网络考试要求具有高质量的科学性、全面性、难易程度和测试学生综合学习水平与能力等方面的题库。在我国高校，在规模、数量和质量以及师资水平各方面，已具备各专业和学科标准化及高质量的题库建设的要求。我们要通过由不同高校相同专业推选优秀的专业教师组成考题题库的命题机构，通过搜集、整理历年题库和命题，并在此基础上根据不同课程的发展现状，建立不同专业课程的高质量的试题库。

第二，网络考试有利于培养和考核学生分析解决问题的能力。由于试题的科学性、全面性、难易程度和测试学生综合学习水平及能力等方面的优化，网格考试能够考核学生的学习效果和分析解决问题的能力，这也同时要求和促使着教师不断地自我学习，改革和改进教学方法、教学内容、教学水平，促使学生不断改进学习方法和学习态度，以提高其综合学习能力。

第三，由于有了高质量的题库和网络考试，同一门课程不同时间进行多次考试很容易实现，改变了传统课程考试的频次太少和一次性闭卷考试对学生造成沉重心理压力的弊端，使学生处在一个相对宽松的探索知识和提高分析、解决问题能力的学习环境当中。

第四，实施网络考试能够有效地预防舞弊。实施网络考试可以使教师划定考试范围和送"人情分"以及学生的抄袭等行为得到有效的防止，因此，它也同时具有间接端正教风和学风的作用。

第五，实施网络考试提高了考试成绩的区分度、效度和信度。由于统一的高质量的试题和科学的评价标准，以及试题的科学性、全面性、难易程度和测试学生综合学习水平及能力等方面的提升，使考试成绩的区分度、效度和信度具有科学性。

第六，实施网络考试能够节约人力资源。实施网络考试能够节约教师的命题和阅卷时间，可以使教师把更多的精力和时间用于教学与科研上，以不断提高教学水平和教学质量。

第七，实施网络考试有利于学生更好地运用网络信息探索和学习科学知识，从而培养学生良好的上网习惯。实施网络考试除了具备科学性、全面性、难易程度和测试学生综合学习水平及能力等方面的题库外，与之相适应的相关学科的网络学习和复习资料也能为学生的学习辅导提供方便。学生在进行长期网络课程资料的查询和学习中，会潜移默化地把网络作为探索学习的主要工具，而不只是一种消遣和玩游戏的平台，从而达到培养学生良好的上网习惯的作用。

第八，实施网络考试具有巨大的经济和社会效益，对构建节约型的可持续发展的社会具有积极的作用。如能够节约大量的纸张、油墨等消耗性和污染性的资源，从而对减少土地和植被的消耗以及减少环境污染起到积极的作用。

第九，高校实施网络考试对推动网络考试的全社会普及有着重要的示范作用。作为科学技术创新发展主要源泉的高等学校，对推动科学技术转换为生产力起着巨大的示范作用。

第四章　高校教育教学学科管理

第一节　高校学科信息监测管理体系

自 2015 年统筹推进建设世界一流大学和一流学科以来，全国各地区政府和高校陆续出台相关文件及实施办法，落实"双一流"建设。一流学科与一流大学存在内在联系和高度契合性，一流大学建设重心落脚于一流学科，做大做强学科并形成增长点与优势特色，将有利于带动一流大学建设。

学科建设作为高校发展的龙头，其发展情况代表了学科水平。中华人民共和国教育部已经开展了五轮一级学科整体水平评估，即学科评估，学科评估旨在为参评单位了解学科现状、促进学科内涵建设、提高研究生培养和学位授予质量提供客观信息，并与其他高校同类学科进行横向比较。但对于高校本身而言，学科评估的周期较长，不利于常态化的监测管理学科建设，学科建设的相关问题不能及时准确地反馈给高校学科管理部门，迟滞了学科建设的路径调整及方案优化。基于此，高校应当构建学科信息监测管理体系，科学、高效地提升学科水平。

一、高校学科信息监测管理体系构建的意义

对于学科建设的管理，其实质是对学科信息的汇总、梳理、解读，进而为学科发展提供指导性意见，对学科信息的有效处理能够助力学科管理。因此，建立一种持续跟踪式的动态学科信息管理模式能够有效分析学科发展的现状，即学科信息监测管理体系。该体系能够服务高校学科管理相关的职能部门及学科建设的载体二级学院：对于学科建设规划部门，可以更细致、系统地获取学科各方面信息，动态监控学科发展状态，高效组织学科建设，科学制定学科发展规划；对于人事管理部门，可以根据人才队伍与学科方向的匹配性等学科信息更加有针对性地引进学科建设亟须的人才；对于科研管理部门，可以根据科研成果方面的学科信息，落实项目申报与合作、成果转化等工作，有效地提

升科学研究水平；对于二级学院等学科建设主体，可以根据学科信息更好地完成学科团队成员的建设、学科方向凝聚；而对于学校领导，则可以根据学科信息反映的方方面面完成更加具有前瞻性、系统性的顶层设计。

二、高校学科信息监测管理体系构建的举措

构建学科信息监测管理体系的有效举措有以下几点：

第一，建立"多对多"的学科信息平台，打破校内学科信息壁垒。"学科建设是一项全校各部门协调完成的系统性工作，因此不能存在信息化壁垒。"[①] 应当由各部门共同建立学科信息平台，学科信息多途径汇入，梳理、解读后多途径输出，从而指导多部门有针对性地完成工作。

第二，依据国家相关文件，科学性地管理与评价学科建设。搭建学科信息平台的各模块应当先参照《深化新时代教育评价改革总体方案》等文件完成顶层设计，并对接学科评估的指标体系框架，以"立德树人"为根本，破"五唯"，突出质量、贡献与特色，强调内涵式发展。

第三，高校需要通过制度保障、专职部门负责、常态化跟踪管理等措施，解读学科信息，反思建设中的不足，并切实以学科信息为依托完成校级层面的资源优化与配置，倒逼学科建设迈向组织性、科学性、体系化的道路。

第四，与时俱进，不断优化。摸索中建立的学科信息监测管理体系总是存在局限性，应当努力汲取其他高校的相关经验，优化学科信息监测管理体系，更有效地推进一流学科建设。

第二节　高校学科建设管理的平台支撑

学科是高校教学、科研工作的基础功能单位。高校发展的核心要素是学科建设。在高校学科建设中，学科信息管理是不可忽视的环节，良好的学科信息管理模式可以更好地提升高校学科建设的质量，反之，则会制约高校学科建设的发展。随着时间的推移，信息化建设也会影响到高校的工作管理。运用先进的信息管理平台对高校的教学、人事、科研等基础信息进行效率管理，可以简化办事流程。可见，建设高效便利的学科信息平

---

① 李刚，邹栎，刘春一，等．高校学科信息监测管理体系构建研究［J］．无线互联科技，2021，18（5）：26．

台将极大地提高高校学科建设的管理水平，推进高校学科建设工作，使高校整体的教学水平获得本质上的提升。

一、高校学科信息平台建设的作用

在信息技术飞速发展的大环境下，高校校园数字化的建设进程不断加快。很多高校都开始建立属于自己的内部网络及信息系统，如清华大学建立的集成校园信息系统和上海交通大学建立的综合信息资源服务平台。这些信息平台都给高校的行政管理及教育科研带来了积极的影响。高校学科信息平台的建立是否科学一定程度上影响着高校学科建设的成效。

（一）系统的学科信息是学科建设定位与发展的支撑条件

高校学科建设是一项长期的系统性工作，其建设内容具有复杂性和多样性。相比传统的高校学科建设内容如学位点申报、增设新学科、国家级省部级重点学科的申报等，如今的高校学科建设内容不断扩充，增加了如明确学科方向、培养师资队伍及学科带头人、提升学科科研水平等要求。因此，高校的管理人员和决策人员需要及时全面地掌握各类学科信息，并依据这些信息对学科进行指导与决策。在学科建设中，管理人员需要掌握学科方向、师资人员构成、科研平台及成果、实验项目课题等各类学科信息，这些学科信息不仅数量庞大而且复杂。

另外，学科建设信息并不是一成不变的，而是动态发展的。高校学科人员会有流动，学科内容会根据学术研究成果的不断更新而增加或删减。因此，学科的基础信息数据也应根据需要不断地进行变化和调整，以确保其准确且完整。学科信息平台的建设是学科建设管理的基础性工作，它可以为高校管理者提供系统的学科信息，从而帮助高校管理者与决策者确定学科建设的定位与发展规划。

（二）学科信息平台是实现学科建设科学管理的重要手段

高校学科建设工作涉及的范围广且环节多，各项指标较为复杂。"因此，高校必须采用与之相适应的全新管理模式，建立一套符合现代科学发展趋势的管理体制和运行机制已经成为当今高校学科管理的新要求。"[①] 借助现代信息数据管理手段，高校可以系统地对学科建设信息进行分类，实现对学科建设的科学管理。高校不仅在招生、培养与学位授予工作上需要信息化管理，人才培养、师资队伍建设等信息数据也需要信息化管理。

高校学科信息的采集管理是一项重要的基础性工作，而系统、全面的学科信息是高

---

① 沈忱，王玲，金迪. 依托学科信息平台促进高校学科建设管理 [J]. 教育观察，2021，10（6）：1.

校学科建设定位和发展规划的支撑条件。通过现代化信息手段建立科学的学科信息管理平台可以使高校管理人员全面了解学科信息，提高管理人员决策的效率与准确性，从而提高高校学科建设管理水平，提高高校的学科竞争力，更好地为社会培养人才。

二、高校学科信息平台建设的策略

（一）学科信息平台要满足学科建设管理的现实需要

第一，高校学科信息平台要方便使用者及相关工作人员发布学科相关数据信息，可以考虑将其接入移动终端如微信等，改良操作系统与数据库的建设，促使平台的信息发布更加高效快捷。高校学科建设与师资队伍、人才培养、基地建设等相关数据有着紧密的联系，涉及的数据众多，如项目信息、建设经费等。因此，高校学科信息平台要基于对数据库的建设，从数据存储的安全性与稳定性出发进行设计。

第二，高校学科信息平台要方便管理者掌握数据，应融入更加多元化的终端，使移动终端上的管理者及使用者可以通过多样的信息共享软件快速浏览和掌握信息平台上的数据，并随时进行学科信息数据的提取与使用。

第三，高校学科信息平台要实现相关工作能够在网上开展及管理。接入移动互联网让高校学科信息平台实现高效网上办公是其中的关键，而人机接口的多样性和稳定性同样是达成目标不可或缺的重要环节。因此，高校的学科信息平台应便于维护和更新，使系统随时保持稳定。

第四，高校学科信息平台要方便相关工作人员及用户之间的信息交互，开展更有效的协同工作。高校学科信息平台在信息共享和多终端交互的过程中需要加强相关工作人员的管理，确保终端间、相关工作人员与用户之间的信息交互更加高效和准确。

高校学科信息平台的管理需要保证学科数据的客观、及时、准确，因此，设计人员在设计高校学科信息平台时需要考虑平台信息数据的可靠性和完整性。此外，由于各个学科相互独立，高校学科信息平台建设也要考虑学科信息之间的系统性。

（二）学科信息平台设计的模块化分析

高校学科信息平台应具备高效的内容聚合、完善的系统集合、灵活的个性化定制及准确的全文检索功能。这就要求高校学科信息平台在设计上实现模块化。

第一，学科信息展示模块。学科信息展示模块通过个性化的设计展示各个学科的信息，保证信息准确、及时，从而帮助管理者及使用者直观地获取所需的学科信息。

第二，学科相关人员交互模块。学科相关人员交互模块除包括灵活的交互接口外，还包括信息发布、查询、统计等基础功能，并为学科信息平台的管理者提供便于管理交互模块中各种信息的功能，从而促进用户与学科、学科与学科之间的交流。

第三，学科信息管理模块。学科信息管理模块主要为学科信息平台的管理者提供高效的管理功能，包括信息的录入、审核、整理及数据的导入、导出等。在这一模块中，管理者可以直观地获取整个学科信息平台的所有相关数据。

第四，学科建设项目管理模块。学科建设项目管理模块为学科建设项目提供准确及时的学科建设项目相关信息，并实现这些信息的公开化、透明化，学科建设项目的各个相关职能部门可以通过这一模块实时查看项目的进度、人员分配等信息，从而提高学科建设项目管理水平和办事效率。

第五，虚拟跨学科组织模块。虚拟跨学科组织模块在当前跨学科组织日趋重要的背景下显得尤为重要，它通过互联网的接入实现学科与学科、学校与学校间的虚拟组织交流，打破了院系和学校的界限。

（三）学科建设管理和信息平台的运行

在高校学科建设管理中，学科信息平台的重要性不言而喻。随着网络科技的飞速发展，高校学科建设管理模式也在进步，高校不断借助新事物提升自身管理水平。学科建设管理需要准备把握各个学科建设的实际发展情况，并及时根据发展情况调整学科建设的政策导向。因此，高校学科建设管理需要依托学科信息平台的数据统计建立合理的绩效考评机制，激励各学科按照学校的战略部署进行高效的工作。信息平台的主要使用者和维护者是高校的教职工，因此，学科信息平台的运行关键在于教职工。学科信息平台不是面子工程，高校在选择信息数据时应注意学科信息数据的真实性，建立合理统一的录入规范，全面纳入学科信息。

对高校学科建设来说，科学的学科信息平台可以提高管理效率、透明度及规范性，便于高校相关职能部门对学校重点建设项目的整体进度进行实时查看和管理，从而提高高校各个项目单位的办事效率及对项目的管理水平。学科信息平台的建设与使用应该结合实际，应将学科信息平台融入用户的日常生活与学习，针对用户的需求，借助先进的技术构建学科信息平台的框架，并依托学科信息平台促进高校学科建设管理。

第三节　高校学科管理创新思想及实施

学科建设对于高校的学科排名以及学术影响力具有重要的作用，一个学科的好坏需要学科内师资力量的配合，同时需要外部学科管理的环境培育。学科管理的主观意图在于提升学科的综合竞争力，实现学科内的发展，提高办学的整体水平，打造高校的影响力，出于学科建设的目的，学科的管理工作是学校行政管理工作中的重要部分，而学科的发展又依赖于学科内的教授专家。从规划到实施存在两个主体的现象，某种程度上这种学科管理的方式影响了学科实力的增强，从学科管理的创新性角度思考学科未来的发展路径，对于学科是有重要意义的。

一、高校学科管理的创新思想分析

高校学科管理中要把握学科内在的发展脉络，就创新性而言，要结合社会发展对学科的外在要求，特别是学科要融合，实现交叉学科的发展，协同学科之间的理论资源，进行开拓式的创新。对于高校学科管理的重视存在高校的行政管理中，就创新性的思想而言，潜在的层次上主要是在学科内的融合，学科专业划分并入新的院系，通过对院系的建设来加强学科的管理,这种创新的思想以专业的协同发展实现学科整体实力的创新。

"在高校的学科管理中存在着学部制改革的思想，学部制改革从优化学科群出发，将具有相似的学科进行整合，在学部制下建立学院。"[1] 学部制的建立优化了相关专业的结构，并能够在资源的配合利用以及课程的设置上满足教学与科研的需要，同时在整体学科群的建立中，学科间能够发挥出自身的特色助推相关研究方向研究性项目的发展。

为解决学科在发展中出现的与实践脱节以及对生产发展的动力不足问题，学科管理上开始探索与生产实践相结合的路径。校企合作是其创新的一个方面，将企业的优势与学校的优势结合在一起，将理论直接拉向前沿的技术运用，避免了理论的单向发展。学科的发展融合了更多的生产实践元素，丰富了学科的实用性元素。

二、高校学科管理创新思想的实施

以提升学科的综合影响力和竞争力为目的，高校在学科管理中开始结合学科发展的内在规律探索实践学科发展的各种路径策略。首先，在学科管理上学校加大对相关学科建设的制度规划以及资金投入，重视对社会资源的开发利用，利用自己的潜在优势实现对学科的创新性发展。具体在高校学科管理上，学校根据社会需要而增加相关的学科，加强学科间的资源整合，将学科的发展与社会的需要融合在一起。其次，学科管理上通过建立重点学科，突出学科特色来实现学科的发展。在高校的学科建设中，一般会根据学科实力申报相关的重点实验室或者研究基地。学科管理上实现梯阶式的发展，由学科带头人来引领研究基地的发展方向，通过学科骨干增强学科的整体实力。学科管理中研究基地的建设突破了以行政干涉为主导的模式，重点突出学科内在发展的规律。学科重

---

① 陈颖娣. 高校学科管理中创新思想及其实施 [J]. 山西青年, 2016 (9): 144.

点研究基地的建设除了对学校内师资力量的整合，对于院校外的师资也会产生较强的吸引力。受重点实验室以及研究基地的影响会有更优秀的资源涌入，从而增强对学科发展的拉动力。最后，学科建设在实际的操作中还要注意对学科间均衡发展的重视。学科发展的整体水平并不是一致的，因此在学科管理中也要区别对待，重点发展优势学科的同时不能忽视对于弱势学科的发展，对接社会需求的应用学科发展时不能忽视对于基础学科的发展。

高校学科管理结合学科内在的发展规律，需要重视学科与社会发展相融合。在学科管理的创新上把握学科发展的趋势，注重对交叉学科资源的整合，特别需要对于一些特色学科的培育和发展。在学科发展中学科管理不仅仅是对学校自身实力的一个整体衡量，还要在此基础上加强对于其他高校学科管理经验的借鉴和吸收。

第五章 高校教育人才培养管理

第一节 高校人才培养及其创新模式

一、高校人才培养的基本目标

高校实行的是专业教育，承担着培养高级专门人才的重任，但这并不意味着高校的人才培养目标仅仅是专业性的。因为学生是以一个具有完整生命的人的身份进入专业学习之中，并且同样以一个具有完整生命的人的身份进入社会。因此，无论是当下学习还是未来发展，学生的专业发展都不能代替他在别的方面的发展，更不能代替他的全面发展。对学生的发展而言，理想的、根本的发展，是他的全面和谐发展。一个人只有获得全面和谐的发展，才能拥有幸福的人生和完善的人性。

高校人才培养的目标，理应包含两个层面的内容：专业发展目标和人的发展目标。专业发展目标属于直接目标，人的发展目标属于根本目标；专业发展目标可以因专业的不同而有不同的要求，人的发展目标则为各个专业所共有，并贯穿于各个专业的目标之中。

人才培养目标的这种多层次性特点，要求教育者必须正确认识、科学处理不同层次目标之间的关系，否则就难以做好人才培养工作。从理论而言，人才培养中的两个目标应该是紧密地联系在一起的：根本目标对专业发展目标起着指导和制约作用，专业发展目标应当体现根本目标的要求，服务于根本目标的实现。但现实的人才培养实践中却普遍存在着与理论要求不一致的情形，人们往往比较看重具体的专业目标，而对根本目标容易忽视，有的甚至把根本目标当作远离自己的存在。正确理解和把握人才培养目标的内涵及其关系，是关系到高校人才培养实践方向的要事，同时也是我们科学推进人才培养中审美渗透实践的基础。

二、高校人才培养的类型划分

（一）应用型人才

应用型人才是指从事利用科学原理为社会谋取直接利益工作的人才，他们的主要任务是将科学原理或新发现的知识直接用于与社会生产生活密切相关的社会实践领域。从应用型人才的知识构成而言，其知识结构主要由应用科学的知识体系组成。从学理而言，应用科学是与基础科学（或理论科学）相对的一个词，是和人类生产生活直接联系的科学。在实践中，人们常把应用科学作为工程科学和技术科学的总称。

应用型人才主要是在一定的理论规范指导下，从事非学术研究性工作，其任务是将抽象的理论符号转换成具体操作构思或产品构型，将知识应用于实践。应用型人才的核心是"用"，本质是学以致用，"用"的基础是掌握知识与能力，"用"的对象是社会实践，"用"的目的是满足社会需求，推动社会进步。

经济发展从要素驱动、投资驱动转向创新驱动，必须有大量专业基础扎实、技术实力雄厚、实践能力突出、真正学以致用的高素质应用型人才作为支撑。我国经济社会发展迫切需要高校培养三类人才：（1）理论+技术实践+多专业知识交叉应用的技术集成创新人才；（2）理论+技术实践+创新设计的产品创意设计人才；（3）理论+技术实践+创业市场能力的工程经营管理人才。应用型人才的本质内涵是科学技术转化为现实生产力的重要桥梁，是高等教育应用价值的直接载体，是"智慧"转化为"实惠"的关键所在。

随着知识经济时代的到来，飞速发展的高新技术加快了我国经济结构的战略性调整——从劳动密集型向知识密集型转型。生产一线的各种技术，如现代化设备及其软件的应用、管理、维护、革新及研发等，对技术人才提出了更高的要求。时下，生产现场不仅需要技术工人，同时还需要大量适合在生产、管理、经营等工作一线搞应用研究、技术开发、产品试制的"技术应用型"和"技术开发型"高级技术人才和高级管理人才，以满足现代高新技术产业的技术创新的客观需要。因此，应用型人才的社会需求大增。

但是应用型是相对的概念，其一，相对性可以从两方面去理解，应用型是相对于理论型而言的；其二，应用型的相对性表现在不同的历史时期、不同的层次教育，有不同的内涵。应用型人才的概念应当放在确定的培养层次与科学上来理解，而不宜笼统而言。应用型人才是相对于基础性人才而言的；基础性人才是指以探索未知、认识自然、发展科学为己任的基础研究专门人才，即能够研究和发现自然界的一般规律的人才；应用型人才是能够把已经发现的一般自然规律转化为应用成果的"桥梁性"的人才。

（二）学术型人才

学术型人才是指从事研究客观规律、发现科学原理的人才，他们的主要任务是致力于将自然科学和社会科学领域中的客观规律转化为科学原理。从学术型人才的知识构成而言，其知识结构主要由基础科学的知识体系组成；从学术型人才的工作职能而言，其研究活动的主要目的是探求事物的本质和规律。由此可见，学术型人才的主要特点是以客观规律为研究对象，从事学术性的工作，与具体的社会实践关系不是很直接。在现实中，学术型人才主要是指那些从事基础科学研究的科学家，如数学家、物理学家、化学家、生物学家、经济学家、法学家、语言学家。

（三）技能型人才

技能从教育学与心理学的角度而言，是指个体运用已有的知识与经验，通过练习而形成的智力动作方式和肢体动作方式的复杂系统，是通过练习获得的。技能是人们运用已有的知识，通过练习，按一定的方式将若干局部动作合理完善地连贯成一个动作系统，以顺利完成任务的一种活动方式。技能型人才是在生产第一线或工作现场通过实际操作将工程型人才设计出来的图纸、计划、方案等转变成具体产品的人才，他们主要从事具体的社会生产实践活动。

技能型人才是实现生产工艺向产品形态、流程设计向具体操作转化的人才。他们是最终产品与服务的直接创造者，是社会活动的直接实现者，如技工、高级技师、园林师、高级厨师等。

三、高校人才培养的创新模式

（一）高校人才培养模式创新的作用

1. 体现高校的整体定位

高校定位是指高校根据自身条件、职能、国家和社会需要以及学生需求，按照扬长避短的原则，参照学校类型和层次的划分标准，经过纵横向分析和比较，在清醒认识自己的基础、优势和不足的基础上，准确把握自身角色，并确定服务面向、发展目标及任务而进行的一系列的前瞻性战略思考和规划活动。人才培养模式是学校在人才培养工作上的指导思想和整体思路的集中体现，是学校整体定位的集中体现，是学校对所要培养出人才的质量和规格的规定，它是人才培养活动的出发点和归宿，也是构建培养措施的前提和依据。所以，人才培养模式的选择、设计与实施，是学校准确定位的体现和落实。

2. 明确人才培养模式的特性

尽管个体的发展是主客观统一作用的结果，也就是说个体的发展离不开其能动的实践，个体主观能动性的发挥，对人的发展经常具有决定性的意义，但是我们也必须认识教育，特别是学校教育对人在发展过程中所起到的主导作用。因为教育是一种有目的地培养人的活动，它引导着个体的发展方向，给人的影响比较全面、系统、科学和深刻。同时，学校还有专门的负责教育教学工作的教育工作者，有比较健全完善的教学设施，科学、系统的培养方案等，这些都对个体的发展起到了非常重要的作用。而人才培养模式的构建恰恰是实现教育这种效果的一个中介或者桥梁，因此，人才培养模式对人才的培养具有明显的计划性、系统性与示范性。

3. 适应社会发展需要的关键

教育教学改革的目的是通过改革、创新培养真正为社会所需要的各级各类人才，这正是人才培养模式主要解决的两大问题。教育教学带来的结果应该是培养适应社会发展的人才，而不是相反。如何更好地改革教育教学，保证我们培养的人才是适应社会发展需要的人才，是摆在学校和广大教育工作者面前的紧迫任务，也是进一步深化教育教学改革的重要任务。人才培养模式是运用科学预测分析方法，用先进的教育理论和教育理念来构建的，它所构建的人才培养模式所培养的人才必定是适应社会发展需要的，也就成为我们进一步深化教育教学改革的关键所在。

4. 支撑与保证人才培养的教学质量

教学过程包括授课、作业、辅导答疑、实验、实训、实习、考试、毕业论文（设计）、答辩等环节。相对而言，人才培养模式是教育目的、教育目标、教育理念的具体化体现、表现和实现方式，是实施教育教学的纲领性文件，所以，必然也是组织教学过程、安排教学任务的基本依据。人才培养模式是根据国家教育方针政策，结合社会对人才发展的要求，同时又结合自身学校的特点和定位，对"培养什么人"和"如何培养这种人"的一种规划和设计。所以，人才培养模式规划、设计和实现方式的如何，是否科学、合理，就决定了所培养的人才的质量和规格。科学合理的人才培养模式保证了所培养的人才的高质量高规格，否则，就会培养出"毕业即失业"的处于社会边缘的人。

5. 作为高校的战略优势前提

创新人才培养模式，说到底是为了更好、更优、更快地解决培养怎样的人和如何培养人的问题。一个学校如能更有效地解决好这个问题，更好、更快、更优地培养适应社会发展需要的人才，必能赢得竞争主动权和战略优势。学校间的竞争说到底是培养人的适应性的竞争。学校的战略优势固然有资源优势因素，但更重要的是学校所培养的人是否真正适应社会发展的需要，输出的人才是否更受社会的欢迎。不同的学校应当有不同的人才培养模式。一个与众不同、科学合理的人才培养模式是学校竞争的法宝，能够使学校赢得竞争主动权，能够保障其战略优势。因此，创新人才培养模式，是学校在竞争中实现可持续发展的关键。

（二）高校人才培养模式创新的原则

1. 科学性与思想性相结合的原则

科学性与思想性相结合的原则是人才培养模式设计的首要原则。科学性要求我们设计人才培养模式、制订人才培养方案，包括课程体系、理论课与实践课、必修课与选修课等内容时，必须遵循客观规律、逻辑合理、循序渐进，有利于人才培养。思想性是指人才培养模式的设计，要培养爱国、有强烈责任感、富有时代特征的有用人才。

掌握知识是发展能力的基础，能力是知识的升华，也是有效获取新知识的条件，素质是判断一个人能否胜任某项工作的起点，是决定并区别绩效好坏差异的个人特征，反映的是可以通过人的外在的工作行为所表现出来的知识、能力、个性、态度、价值观、内驱力等。素质教育是促进人的全面发展的教育，正确处理好知识学习、能力培养和素质提高三者的关系，促进其协调发展、融为一体，是素质教育理念的关键所在。

2. 教师与学生的作用相结合的原则

人才培养要通过具体的教育实践活动来完成，一个人才培养模式的执行与贯彻，也离不开有效的教育教学实践活动。教师主导性和学生主体性相结合是教学实践中的一个重要原则。教学过程是由教师的教和学生的学共同组成的双边活动。

在教学程中，教师与学生是两个最基本的人为要素，教和学是两个最基本的行为要素。教师和学生在教学过程中都具有既是主体又是客体的双重性。教师和学生分别作为两个不同性质的能动体，分别代表了施教的一方和受教的一方。他们的主体性主要体现为自身能动性的调动与发挥，他们的客体性主要体现为以对方互为认识的对象。

在制定人才培养模式时，既要充分体现教师的主导性作用，因为就教的一方而言，教师是主体，是对学生施加教育影响的主体，是引导活动。同时，又要充分体现学生的主体性作用，因为就学的一方面而言，学生是主体，是接受教诲的主体，是参与教学的主体，是自我教育和自我发展的主体。学生的主体性在教学中具体表现为两个方面：（1）学习行为的自觉性、刻苦性、积极性；（2）对教学的参与和对教学内容的认识、筛选、过滤和接受。所以，人才培养模式的要充分体现教师主导与学生主体相结合的原则。

3. 统一要求与因材施教相结合的原则

遵循相对统一的、共同的和较高的质量标准，体现培养目标的以基础性、综合性、创新性、实践性和发展性为主要内涵的知识、能力要求；遵循特色化质量观，重视教学的创造性和个别指导，尊重人格独立和精神自由，促进个性和创造性全面发展。一方面，围绕"高深学问"，按照国家对高校培养的专门人才的基本规格要求，制定各专业人才的具体规格标准，以此作为统一要求和标准来培养人才，遵循专业和学科发展逻辑，重视系统知识传授、创新能力培养和综合素质养成；另一方面，又要从学生的实际出发，承认个别差异，推行"学习自由"，强调人才素质结构多样性，实行柔性专业设置和课程结构模块化，实行"选修课制"和"学分制"，通过因材施教达到人的全面发展。

4. 立足现在与着眼未来相结合的原则

人才是时代的产物，人才的培养要根据社会发展状况，综合考虑社会经济、政治、文化等因素对人才的要求，换言之，人才的培养要立足于一定的历史时段，立足于现在。同时，又要面向未来，因为人才的培养要有一个周期，并且这个周期还比较长，我们就必须能够预测到未来社会对人才的要求和规格，然后按照这种要求和规格来培养能够适应未来社会的人。所以，人才培养模式的构建需要立足现在与着眼未来相结合，并根据时代、社会的发展，不断修改、完善人才培养方案。

（三）高校人才培养模式创新的反思

高校人才培养模式是人才培养的关键，对于人才培养的质量具有决定性作用。人才培养模式是动态的、变化的、发展的，一种成熟的模式既有一定的理论基础，又会在长期的实践中不断丰富完善，形成相对稳定的结构特征，从而指导实践。认真反思现实中典型的人才培养模式，从中总结经验和不足，对深入探讨新形势下人才培养模式的创新问题具有重要意义。

1. 以知识传授为中心

以知识传授为中心的教育理论实质上就是科学主义的教育观，它强调科学在教育中处于核心地位。教育以科学知识的学习为中心，学习即意味着获得知识，而获得知识的主要途径是书本和以教师为中心的课堂教学。科学知识按照自身逻辑及难易程度被编写成不同年级的教材，学生的学习成绩及升入高一级学校要通过考试来决定，这一理论重视知识的系统性、科学性、教育性、可接受性等原则，形成了以传授知识、记忆知识为目的的教育模式。

2. 以学生为中心

（1）培养目标的个性。以学生为中心的人才培养模式强调以人为本，一切为了学生，尊重学生的天性和内在需要，注重学生自我价值的实现。学生学习的目的不仅仅掌握知识，更主要的是要加深对知识思想文化内涵的理解和学习能力的生成、思维习惯的培养，这种模式的培养目标是要培养具有远大理想和抱负的创新型人才。

（2）人才标准的多元。以学生为中心的人才培养模式，尊重个体差异，注重学生的个性化发展，其人才标准是多元化的。在教学中发现和寻找每个学生身上的闪光点，挖掘学生的优势智能，善待每一个学生，根据不同学生的特点，因材施教，使学生的各方面潜能得到充分发展，培养各行各业的精英和领军人物。尊重人才成长规律，为每个学生提供适合的教育，使学生多样化发展。

（3）培养方法的多样。以学生为中心的人才培养模式主张教师的"教"服务于学生的"学"。在教学中注重运用灵活多样的教学方法，采用讨论式、启发式、探究式、合作式等多种方式，培养学生的思维能力。通过创设生活情境和问题情境，制造认知冲突，引疑释疑，培养学生发现问题、解决问题的能力。教育过程中重视学生动手能力的培养，通过校内外社会活动，培养学生的综合实践能力，增加师生的亲密交流和学生主体学习的参与意识，引导学生主动学习、自主发展。

（四）高校人才培养模式创新的策略

1. 凸显学生主体性

学生的主体性规定了学生在教育教学活动中所处的地位，以及作为主体的人所具有的性质。以学生为主体就是，以学生为中心，培养学生在认知、交往及自我反思等活动中表现出的能动性、自主性、自为性、自律性、社会性等基本特征，包括认识、实践、追求、意志、理想、交往、沟通、协作等。主体性从本质而言强调的是人性。人的生命是自由的，是以其差别性、多样性和对立性促进人类社会发展的；人有丰富的精神世界，人有信仰和对人生意义的价值追求，创造是人的本性，人总是在不满足于现状中，否定、超越和创新。教育必须在充分把握人性、尊重生命的基础上创新人才培养模式。

（1）充分把握主体性内涵，按照"人"的方式培养人。要坚决改变过去把学生"物化""非人"教育的局面，把教育过程转化成生命自我建构和生成的过程；把"自由""自觉""自主""创造"等人的本性，在教育活动中充分地挖掘和彰显；把学生的自主发展作为学校教育教学工作的出发点和归宿，最大限度地挖掘学生的潜能和个性，使他们能够在适合的环境下自由生长和发展。

（2）真正落实学生的主体地位。学校的一切教育教学活动都要围绕学生这一中心进行，一切为了学生的健康成长和全面发展，学校和教师为学生的自主学习、自由选择、自我负责、自由创造提供良好的服务和环境。在师生关系中真正落实学生的主体地位，要下大气力改变仍以教师讲授为主的人才培养模式，教师的课堂设计、组织安排都要从学生的学习需要和思维发展出发，从根本上转变角色；要从学生的角度确定学校的办学定位和办学特色，加强和推进专业建设、课程建设、教师业务发展、教学方式方法改革。

（3）培养学生的主体性意识。学生的主体性不是凭空产生的，是在教学活动中被激发和形成的。主体性意识是指学生个体在对象性活动中，能够意识到自己的地位、任务、价值及作用，从而积极地投入智力和精力，努力学习和创造。学生只有具备了主体性意识才能够真正成为学习的主人。要使学生树立正确的世界观和价值观，端正学习态度，拥有远大理想和抱负，具有强大的学习动力和内驱力。培养学生学习的自主性和能动性，使他们形成爱学习、爱动脑，会学习、会思考的习惯和能力。特别要纠正很多学生利用现代技术手段，在网上下载复制、终端合成等消极简易的、拼凑式的学习方式。

2. 突出学生思维能力培养

创新人才培养模式的关键是有效培养学生的思维能力，思维能力的高低是衡量人才水平的标准，是一个人能否创新创造及其创新创造层次的决定性因素。因此，一切教育教学方式方法的改革都要围绕着培养学生的思维能力进行，它起到改革的统领作用。

（1）培养思维能力的关键是创造环境，激活思维，释放创造性能量。创造性智慧往往是在环境刺激下，冲破阻力显露出来的。学生的参与十分重要，培养思维能力的一个重要特征便是参与性，创造有效的参与性环境是教师教学智慧的表现。

（2）培养广泛阅读兴趣和多种爱好，形成多元知识结构，发展想象力。想象力是思维的高级形式，是在多元知识结构中各要素相互碰撞和作用下形成的。因此，我们的教育，在学生打基础的阶段要注重课程设置的广博性，要留给他们充足的时间进行课外阅读、发展兴趣爱好，使他们不仅仅生活得丰富多彩，而且能够把种种精神素材和思想素材加以组合，产生奇妙的想象。在基础教育阶段我国的学生为了应试根本没有时间进行广泛阅读和发展个人爱好，这种局面必须改变，要在课程设置、学校及课堂学习时间上进行深刻的改革。

（3）培养学生质疑批判的思维品质。质疑和批判是科学创造的前提与动力，没有质疑和批判就没有科学创造。质疑和批判是创造性思维的品质，培养学生质疑和批判的能力已成为目前世界各国教育改革的重要任务。在课堂上教师要敢于讲自己不懂的问题，与学生一起探讨。学生要敢于挑战导师和权威，多探讨一些没有唯一标准答案的开放式问题。要创设一切有利条件，培养学生的批判和怀疑精神。

3. 关注学生实践实验教育

（1）注重实践实验教育。实践实验教育包括科学研究、社会活动在内的实践，是人才培养的重要环节。以往只注重书本知识、忽视实践实验教育，严重影响了创新性人才的培养。现实问题更能激发人学习和研究的兴趣，更能促进人的思考和探索，并且在动手的过程中还可以使人的思维能力得到锻炼。理论和实际的结合使人更能体会到知识的价值和创造的快乐。我们的各级各类教育从观念到实践要切实重视实践、实验教育，把它作为课内外教育的重要内容予以认真实施。

（2）让学生走进自然、接触社会，培养他们观察自然和社会、发现问题、追问问题、思考问题的习惯。让学生走进田野和工厂参加劳动。学校可以通过开设手工课和劳动课，培养学生的动手动脑能力。重视实验教学，不仅在课内让学生通过实验探索规律，而且，还要通过开放实验室，让学生随时都能做实验。要注重理论联系实际，把课堂知识与课外实践、实验有机结合，更好地促进知行统一和能力培养。

（3）积极创造各种条件让学生更多地参加社会活动和科学研究活动，使他们在各类活动和实践中增长知识，提高能力。组建各类社团组织是学生开展活动、参加实践的有效方式。

（4）积极探索学校和企业联合培养人才的模式。学校和企业联合培养人才是理论联系实际、培养学生应用实践能力的有效途径。让高校学生参与科研是培养学生创新精神和能力的重要渠道，鼓励学生参与教师的科研项目、科研实验室和科研团队，研究科技前沿和经济社会发展的热点问题，使他们在实践锻炼中成长，学校要提供一定的科研经费予以保障。

4. 渗入因材施教的教学理念

（1）为每一个学生提供适合的教育。树立多样化人才观念，尊重个人选择，鼓励个性发展，不拘一格培养人才。关注学生不同特点和个性差异，发展每一个学生的优势潜能。推进分层教学、走班制、学分制、导师制等教学管理制度改革。因材施教就是为每一个学生提供适合的教育，其主要教育模式就是为学生提供学习内容、学习方式的多样选择和制度保障。教师要注意发现学生在禀赋、气质、兴趣、思维等方面的潜在资质和优势，尊重他们的选择，为他们提供有利的学习环境和适合的教育。

（2）实施个性化、开放式的教学方式。个性化、开放式教学是创新人才培养模式的关键和难点，学校和教师要付出巨大的努力。只有树立正确的办学思想，提高教师素质和整体办学实力，才能尽量满足不同学生群体的需要。

5. 革新高校课程教学体系

（1）课程建设要注重基础性、广博性和丰富性。学校教育主要是通过课程来实现的，课程体现办学特色和人才培养目标，体现学校和教师的教育思想及观念，课程改革是创新人才培养模式的关键。为适应人才培养的需要，课程建设应该更加注重基础性、广博性、丰富性。我国一些高校也在大力推进通识教育核心课程建设，加强对核心课程的顶层设计，让不同专业的学生可以修读更多符合自己专业特点和发展的核心课程。建设符合学校自身特色、门类众多、内容广博又相互融合的课程体系，是高等教育课程建设面临的艰巨而繁重的任务。

（2）课程改革要从实际出发，注重特色和实效。课程体系建设要紧紧围绕培养学生的创新精神、综合素质、道德品质、责任感、分析问题和解决问题的能力、适应变化的竞争能力、交流协作能力和终身学习能力等方面，结合学校的实际情况来进行。

6. 科学采用"三融合"模式

"三融合"是指跨学科专业交叉融合、教学与科研实践融合、创新创业教育与专业教育融合，也包括三个维度之间的融合，是一个整体概念和复合系统，其目的在于通过构建学科、专业、教学、科研、实践、创新创业的复合育人系统，全面推进教学育人、科研育人、实践育人和创业育人。"三融合"人才培养理念包括育人为本、德育为先、能力为重、全面发展。"三融合"人才培养模式的构建与实施要求在人才培养过程中坚持知识、能力和素质培养的协调一致，坚持人文素质教育、科学素养培育和实践能力训练的协调一致。

（1）"三融合"人才培养的目标

从"三融合"的人才培养目标看，是要培养合格的建设者和可靠的接班人。从具体目标而言，就是知识传授、能力培养和人格塑造。需要说明的是，"三融合"人才培养模式的知识传授目标更加着眼于学生创新精神的培养，当然，我们不否认知识结构的重要性，创新精神的培育也需要建立在良好知识结构的基础上。

能力培养目标更加凸显创业能力的培养，当然这里的"创业能力"是开创一番事业的能力，是让学生能够通过受教育的过程全面提升综合素质，将理论知识付诸实践，增强解决实际问题的能力，不断提高与时代发展及事业要求相适应的素质和能力。人格塑造目标强调提升学生的社会责任意识，人格塑造的出发点是立德，落脚点是树人，"三融合"人才培养模式的人格塑造目标就是要使学生始终坚定理想信念，具有服务国家、服务人民的爱国奉献精神和良好的思想道德品质。

（2）"三融合"人才培养模式的特点

第一，整体性与系统性特点。"三融合"人才培养模式是一个整体概念。其整体性体现在系统内的各要素之间相互关联、相互作用、相互影响，构成一个统一的整体。如果系统内部某一个要素或子系统发生变化，也会影响其他要素或系统的变化。

"三融合"人才培养模式是一个复合系统。一方面，从系统观的角度出发，"三融合"人才培养模式由若干要素组成，如学科、专业、教学、科研、实践、创新创业、教师、学生、管理者、社会组织等，这些要素既有主体的要素也有客体的要素，不同要素的属性和行为形成一定的结构，并实现特定的功能，进而成为有机系统；另一方面，复合系统与单一系统不同，复合系统依赖于各个要素之间、各子系统之间的相互关联和相互影响，以及在特定的关联和影响作用下产生一定的综合效应。"三融合"人才培养模式由三个子系统组成，这种模式的质量取决于系统整体和各个子系统的运行状态。从这个意义上出发，构建"三融合"人才培养模式，既需要以系统思维完善顶层设计，也需要搭建支撑系统的"四梁八柱"。

第二，协同性特点。作为一个整体的复杂系统，"三融合"人才培养模式系统结构要素之间的协调、协作能够促进系统整体目标功能的实现，协同的结果是实现"1+1＞2"的溢出效应，当然，"融合"本身也意味着"协同"；相反，系统结构要素之间的不协调、不一致则会导致系统运行不畅。

在创新创业教育与专业教育的融合过程中，需要各方共同协同。一方面，单靠高校自身的力量无法实现创新创业教育的目标和功能，高校需要借助政府部门的资源配置和政策支持，也需要金融中介机构的资金支持；另一方面，金融中介机构特别是风险投资机构也可以通过与高校的协同，挖掘大学生的优秀产品和创业项目，实现共赢。

第三，复杂性特点。"三融合"人才培养模式是一个复杂系统，其复杂性体现在以下方面：（1）系统外界环境的复杂性。整个社会的政治、经济、文化等共同构成了高校人才培养模式的外部环境，在"三融合"人才培养模式构建和实施过程中，必然要和外部环境发生信息、物质、资源等的交流，并受外部环境的直接或间接影响。（2）系统要素和结构关系的复杂性。"三融合"人才培养模式具有多目标、多变量、多层次、多功能的特征，各个要素在时间和空间上形成一定的非线性联系，并由此产生各种复杂的、开放性的关系结构，要素、结构和功能的多变性导致其与经济系统一样呈现出复杂性。

（3）"三融合"人才培养模式的逻辑关系

第一，融合的基础。广义的融合包括一个学科的发展影响带动另一个学科的演进，即发展模式和发展路径上的融合；狭义的跨学科专业交叉融合是指基于知识、技术的不同学科专业之间的相互渗透和相互影响。

学科是大学的基本单元，是大学实力的载体与表现途径，"双一流"建设的核心是一流学科建设，一流学科应该是与其他大学相比具有比较优势、社会公认度与美誉度极高的学科。

一方面，新技术、新产品、新业态、新模式的诞生往往依赖于学科专业的交叉和知识系统的融合。随着现代科学技术知识体系的不断发展，现代学科专业开始由离散状态向集约方向演变而形成交叉、融合的网状结构。单一学科也可以产生一流学科，但在知识经济时代,单一学科越来越难以解决或回答日益复杂的技术问题、经济问题和社会问题。学科专业交叉逐渐形成一批交叉学科专业,交叉学科专业的发展壮大极大地推动了科技进步。科学上的新理论和新发明、工程上的新技术,甚至是商业模式上的新创新,经常在学科专业的边缘或交叉点上,跨学科专业交叉融合是符合科学发展规律的。在新一轮科技革命和产业革命背景下,技术的交互融合成为推动科技创新、技术进步和战略性新兴产业发展的重要支撑条件,而跨学科研究和跨领域协同创新有利于推进技术深度融合,提升实体经济创新力和生产力。

另一方面,世界一流的高层次创新创业人才很难由单一学科培养出来。跨学科专业交叉融合是培育拔尖创新人才的重要实现路径。强调跨学科专业交叉融合的基础性作用,是说在加快推进教育现代化的进程中,跨学科专业交叉融合对提高国家关键领域原始创新能力、自主创新能力具有重要的影响,而这也是国家赋予高校的重要历史使命。

第二,融合的关键。教学与科研实践融合是指在教学中融入科研训练,在科研实践中提升理论水平,不断提高学生的创新思维和实践能力,同时也要求推进教学与社会实践融合,以及科学研究与社会实践融合。

第一,教学与科研之间的相互作用。教学与科研之间的相互作用关系决定了只有教学与科研实践融合,才能真正实现高等教育的人才培养目标。原因在于,大学的本质是培养人,在人才培养上,教学和科研的目标是一致的,方法和手段是相互贯通的。高等教育的过程是一个创新思维锻炼的过程,只有教育者将教学与科研实践深度融合,才能够提升自身的教学水平、教学能力和教学质量,才能够将良好的学风、严谨的学术态度传递给受教育者,才能够真正培养出创新型的人才。从这个意义上看,教学与科研实践融合是构建“三融合”人才培养模式的关键。

第二,从化解现实中教学与科研之间矛盾的角度出发。教学与科研实践融合是构建“三融合”人才培养模式的关键。目前提高教学质量的方式方法和手段更多的是从教学自身出发,忽视了科研实践在提高教学质量过程中的作用。总而言之,不论是评价体系的制约,还是教学与科研的对立和“两张皮”问题,都决定了教学与科研实践融合是构建“三融合”人才培养模式的关键点。

第三,融合的根本。创新创业教育与专业教育融合是在建构学生基本专业素养的同时,加强创新思维和创新方法的训练,以及创业意识和创业能力的培育。专业教育是创新创业教育的基础和载体,通过现代科学、人文知识的传授,从而提升创新意识、创新素质和创新能力。但是,单一的专业教育也制约了复合型、创新型人才的培养,而创新创业教育正是其有益补充,是其必然的发展趋势。

创新创业教育与专业教育融合的核心是以培养学生的创新创业精神、创新创业意识和创新创业能力为目的，引导师生不断更新和升华教育观念，改革人才培养模式、教育内容和教学方式，将人才培养、科学研究、社会服务、文化传承紧密结合，实现从注重知识传授向更加重视能力和素质培养的转变。推进创新创业教育与专业教育深度融合要建立在全面而深入的教育教学综合改革基础上，创新创业教育与专业教育融合是提高人才培养质量的根本。

第四，动态逻辑关系。（1）关联关系。关联关系主要表现在一个子系统与另一个子系统之间因某种因素而产生相互联系，如重要的中间变量"学科"。（2）泛化关系。泛化关系是指一种继承和派生关系，跨学科专业可以通过教学与科研实践融合使学生获得真实的知识和经验感知。学生获得的真实知识和经验感知通过在专业教育中融入创新创业教育转化为实际能力和具体实践，泛化关系由此而产生。（3）关联关系和泛化关系的存在直接导致依赖关系及实现关系的产生。（4）"三融合"人才培养模式要求坚持以生为本的基本原则，最终目标是提高人才培养质量，手段和方法是学科交叉、全程渗透与跨界学习，具有交互性、共享性、开放性、协作性、自主性等特点。良好运行依赖于信息的交互、资源的共享、平台的开放、部门的协作、教师学生和办学主体的自主。

跨学科专业交叉融合有利于催生一流学科，并通过优势积累效应集聚一流师资队伍、产生一流科研成果、提供一流社会服务；教学与科研实践融合有利于催生一流教学，在培育优秀学生的同时通过声誉传播效应集聚优质生源；创新创业教育与专业教育融合则将优秀学生培育为一流人才，在提升社会贡献的同时通过辐射扩散效应带来大学美誉，最终，"三融合"人才培养模式得以实现推进"双一流"建设的功能。

（4）"三融合"人才培养模式的实施路径

第一，树立"三融合"人才培养的新目标新理念。在高校深入实施"三融合"人才培养模式需要树立新理念。必须坚持正确的办学方向，坚持立德树人，坚持扎根中国大地办教育，紧紧把握国家世界一流大学和一流学科建设的重大历史机遇，不忘人才培养初心，牢固确定人才培养是第一天职的中心地位，树立"育人为本、德育为先，能力为重、全面发展"的人才培养理念，推动内涵式发展，着力构建以一流教育为核心的人才培养体系，着力推进以"三融合"为导向的人才培养模式改革，着力完善人才培养质量保障机制，实现全员全过程全方位育人格局，全面增强人才培养能力，努力把"三融合"人才培养模式上升到教育理念的层面。

在高校深入实施"三融合"人才培养模式需要把握新坐标，高等教育的内涵式发展给高校的人才培养模式创新提出了新的更高要求，"三融合"人才培养模式也应当首先把握高等教育人才培养的新坐标。必须结合新一轮科技革命和产业革命、国民经济和社会发展，以及高等教育发展的新形势、新要求及校本实际，明确与人才培养体系相对应的人才培养目标定位，这一目标定位既要全面服务于、服从于国家重大战略需要，也要充分结合高校的学科专业特色、教学科研优势、基础设施和条件平台、校园文化环境等基本要素情况。

在高校深入实施"三融合"人才培养模式需要政府加强对人才培养工作的宏观指导。建议教育主管部门研究制定符合高等教育高质量发展规律的高校分类发展规划，探索建立不同类型、不同层次高校的人才培养质量分类考评机制和保障机制，在高校教学质量国家标准中进一步明确"三融合"的相关要求，全覆盖、高标准、严要求，对高校专业办学质量进行动态监测，设定合理的"及格线"，对教学质量不合格的专业，进行适当的优化调整，全面提高高等教育人才培养质量。同时，抓好人才培养综合改革试点示范，推进一批高校开展人才培养模式创新和体制机制创新，及时总结、归纳、推广高校人才培养改革创新的成功经验。

第二，将新目标新理念融入学校顶层设计与培养方案。

首先，要实现"三融合"人才培养目标，就要完善顶层设计制度。具体而言，主要包括关于人才培养总体目标定位的制度设计、关于人才培养质量的制度设计、关于教育教学总体要求的制度设计等。需要在高校发展总体规划中明确并在相关的专项规划中始终贯彻人才培养的目标定位，在全校形成关于人才培养目标定位的统一认识。

注意"三融合"人才培养模式是一个有机的整体，不能简单地拆分，顶层设计时要注意对"三融合"的三个子系统进行综合谋划，注意系统要素和功能的衔接。通过顶层设计，在全校范围内明确把提高人才培养质量作为学校的根本任务，把教育教学质量作为高校的生命线和评价教师优劣的首要标准。围绕如何全面提升人才培养质量，制定详细的发展规划和具体的实施方案，把全校的工作重点统一到教育教学工作这一中心，统筹推进其他各项工作。明确学校各职能管理部门和教学单位的主体责任，制定时间表和路线图，要求各单位、各部门"制表上墙，挂图作战"。

其次，要贯彻"三融合"人才培养理念，就需要加强组织制度建设。可以成立学校层面的人才培养工作领导小组。负责顶层设计构建"三融合"人才培养体系，推进"三融合"人才培养模式综合改革，研究制定"三融合"人才培养质量标准，推进协同育人工作，由各相关业务职能部门负责具体实施。同时，明确学院的人才培养主体责任，要求各学院强化人才培养的主体意识、责任意识，进一步健全全员育人、全过程育人、全方位育人机制，结合本单位实际，研究制定并出台推进"三融合"人才培养模式改革、提高人才培养质量的实施方案和具体举措。要将学校局部形成的"三融合"人才培养经验总结推广至全校，真正实现示范引领、协同推进。

再次，要强化"三融合"人才培养过程，就要持续不断完善人才培养各个环节的相关制度。学科建设、专业发展、教学师资队伍建设、学生工作队伍建设、课程体系和教学资源建设等相关的政策制定都需要紧密结合"三融合"人才培养的目标定位和重点任务展开，所有的政策工具设计要着力形成互补关系，发挥协同效应，必须服务于、有利于"三融合"人才培养模式的具体实施。

最后，要完善"三融合"人才培养评价体系，就要优化对教师和学生的评价标准制度。对于对教师的评价而言，有利于"三融合"人才培养模式实施的评价体系应当是能够充分调动和激发教师从事高质量教学的，应当是能够让教师潜心科研的，应注意更多地用质量指标而不是数量指标去衡量评价教师教学科研成果的优劣，同时也应当是考虑教师职业角色多样性的。

对学生的评价，一方面在评价方式上可以探索多元化的方式，避免单一评价方式和评价工具的片面性；另一方面在评价标准上，要避免单纯以学习成绩评定学生的优劣，要充分考查学生德智体美劳的全面发展，强调综合素质评价的重要性，同时也要兼顾个别有特长学生的实际特点和个性发展的需求，为特长生、特色生提供进一步成长发展的空间。

第三，打造担当"三融合"人才培养重任的师资队伍。打造担当"三融合"人才培养重任的师资队伍，就需要进一步完善教师的教书育人促进机制，健全教师分类评价体系，强化专兼结合的创新创业教育师资队伍建设。

首先，完善教师教书育人促进机制，让广大教师自觉将"三融合"理念践行到育人实践。坚持"引育并举"，大力推进师资队伍建设。支持"教学与科研一流"的"双一流"团队建设，培育黄大年式教师团队。将教学水平高的教授为高校学生上课作为基本制度落实到位，确保教授从事公共基础课和核心课教学。促进教师全面发展，加强教学名师建设，推进院系学习共同体建设，完善传帮带机制，开展青年教师执教能力培训，完善以备课、试讲、助课和考核为基础的青年教师持证上岗制度和听课制度。强化导师作为研究生教育培养第一责任人的意识，建立完善导师激励与问责制，根据研究生培养质量探索构建导师质量约谈、限招或退出机制。

其次，健全教师分类评价体系，突出教育教学业绩和师德考核。建立完善并严格实施教师评教制度，加快教师评聘标准和绩效考核体系建设，加快建立并严格实施教师定期考核、淘汰制度。完善涵盖学生评价、教师自评、同行评价、督导评价、社会评价等的多元教师教学质量评价体系。健全教学名师、教师教学优秀奖、青年教师教学优秀奖、青年教师教学竞赛、教师教学质量评价奖等教师评选和表彰制度。探索适当提高基础性绩效工资在绩效工资中的比重，加大对教学名师的岗位激励力度。对教师开展教学理论研究、教学方法探索、优质教学资源开发、教学手段创新等，在绩效工资分配中给予倾斜。

最后，强化专兼结合的创新创业教育师资队伍建设。高校需要建立校内和校外两支创新创业教育师资队伍，提升校内管理学、经济学、社会学等文科专业教师和辅导员教师队伍的基本素质，加强师资培训，为学生开设高水平的创业管理、战略管理、金融学等创业基础课程；充分发挥理工科专业教师的主动性和积极性，建设一支既熟悉学科发展前沿又了解真实市场运行，并愿意带领和指导学生创新创业的教师队伍；积极邀请校外知名企业家，以及金融、财务、法律等领域的专业人员担任大学生创业导师或创业咨询顾问，充分发挥校外导师在实践中积累的经验、人脉和各种资源。

第四，构建有利于"三融合"人才培养的平台载体。"三融合"人才培养模式的有效实施离不开硬件和软件平台载体的支持，主要包括教学基本条件、实验教学环境、实习实训平台及创新创业实践（孵化）基地等。

首先，努力改善教学基本条件。建设一批网络多媒体互动式"智慧教室"，支持教师开展网络教学、翻转课堂、对分课堂等教学方式方法改革，推进教学管理系统现代化，以服务和感知为核心，构建面向教学评价改革和教学服务提升的现代化教学环境软硬件平台。同时加强图书与数据库等资源建设，充分利用"互联网+"，建设智慧图书馆，推进信息资源开放与共享。

其次，强化开放实验室建设与绩效管理。完善专业教学实验室建设体系，系统实施实验教学中心内涵建设计划、专业实验室教学质量提升计划，建成一定规模的虚拟仿真实验室。深度开放共享实验资源，开展实验室绩效评价，完善实验室管理绩效评价体系，要把跨学科专业学生使用实验室资源的频次和效果作为一个重要的衡量指标，定期发布实验室年度绩效评价白皮书，并建立配套激励机制。

再次，加快实习实训实践基地建设。强化工程实践教学中心建设，建设一批基础实验教学中心，建设一批人文社科类专业实习、实践基地和实践教学平台，尝试探索不同学科专业的学生在不同类别的实习实训实践基地进行交叉学习训练的可行模式。

最后，完善创新创业教育平台体系。充分利用各种资源自主建立或联合共建专业化众创空间、创客空间、科技企业孵化器和加速器，作为创新创业教育实践平台。广泛联合高新技术企业和地方政府建立形式多样的校外实践教育基地、创业示范基地和科技创业实习基地。通过培育和引进相结合的方式建立慕课课程体系、创业导师队伍、风险投资体系等支撑要素。充分利用微信微博自媒体、互联网及其他学生喜闻乐见且便捷高效的方式，打造"线上+线下"的创新创业教育平台。

（5）"三融合"人才培养的保障机制

第一，优化招生培养就业创业协同机制。深化招生制度改革。逐步完善高校学生源选拔质量评价体系，形成分类考试、综合评价、多元录取的考试招生模式；优化硕士研究生学位类型招生结构，统筹博士研究生各类招生方式和计划类型，构建研究生招生计划与学科发展、创新水平和创新贡献的挂钩机制；着力构建协同提质责任体系。建立校长与学院院长签订毕业生就业责任书制度，并将其纳入年终单位考评体系；将生源质量、培养质量和就业创业质量共同作为学科专业评估的重要标准，作为教育教学质量反馈机制的重要内容；不断优化协同提质运行模式。完善"招生—培养—就业创业"质量联动的常态化信息资源共享机制，统筹建设优质生源基地、实习基地、就业基地和创业实践基地，充分利用大数据、移动互联网等新技术建立覆盖省、市、县（区）三级的立体式、网格化社会资源管理和服务体系。

第二，建立稳定的人才培养投入机制。①稳步提高教学经费投入。建立优先支持教学发展的经费持续投入机制和科学合理的经费划拨管理方式，重点加大师资队伍、实验条件建设、实践教学环节和创新创业教育经费投入。②提高各类专项资金使用绩效。加强预算、支出和决算管理，按照"总量控制、统一评审、注重绩效、动态调整"的总原则，根据建设项目绩效评价情况动态调整支持项目和支持力度。③优化教育教学资源配置。扩大学院办学自主权，探索实施院系办校，建立健全以人才培养质量为中心，以绩效考核为导向的经费配置机制，教育教学资源分配与学院教学、科研绩效考核挂钩，与招生、培养、就业创业质量挂钩，完全竞争类教育教学资源实行优质多投、优质先投。

第三，优化人才培养服务支持机制。①完善公共服务体系。提升后勤、医疗、住宿、图书等相关职能部门服务水平，建设服务于学生、教师及学术的服务型机关，推进人文校园、绿色校园、智慧校园、和谐校园和节约型校园建设。②拓宽办学资源筹集渠道。扩大和吸引社会捐赠，鼓励校友、社会各界以多种方式支持学校发展，提高资源使用效益。③改革信息化建设和管理机制。完善学校信息化建设统一规划与归口管理体制，整合学校各类信息平台，建设标准化学校中心数据库，实现业务管理数据全面共享，提高信息安全管理水平。

第四，建立人才培养质量评价与工作督导机制。完善学院教学质量评估体系。建立更加完善的自我评估、合格评估、审核评估、专业认证及评估、国际评估"多位一体"的教学质量评价制度，以评估促进专业教学质量标准的不断完善，推进教学质量评价由约束性评价向发展性评价转变。完善教学督导工作机制。实行学校和学院两级教学督导制度，不断改进教学督导工作方式，提高教学督导工作质量。建立人才培养工作动态考核评价机制。学校督查部门每学期对学院人才培养工作进行评价督导，定期通报督导结果，查找不足，及时纠正，督促任务落实。

（五）高校人才培养模式创新的国际战略

随着时代变化，全球治理范式悄无声息地进行转变。从基于传统治理机制的国际事务治理转变为基于多方治理主体和多元治理机制的全球治理。具体表现在两个方面：（1）治理问题由传统意义上维护和平稳定的国际环境转变为新形势下跨国界的全球安全治理问题，应对气候变化、防控传染病等领域一些新的国际议题；（2）治理机制由以建立国际规则或条约为诉求的国家政府间多边谈判转变为政府与非政府参与主体携手并进的多元治理，在其中就蕴含了对治理主体的实质性丰富。实现全球"善治"的关键因素在于"人才"，高校作为培养国际化人才的主阵地，需要在此基础上关注全球治理型人才在全球治理中的作用，通过提供全球治理的人才支撑来促成全球治理上升新层次。因此，全球治理范式的转变一方面要求高校人才培养模式做出回应；另一方面，高校人才培养模式的创新则可能成为实现全球善治的助推器。

1. 全球治理型人才的超越与"中国标准"

（1）全球治理型人才的超越

国际化人才的培养可以说是自全球化以来高等教育的重要指导方针，并已上升至国家战略，这一战略目标的确立，一方面源于全球化进程中世界范围教育国际化的冲击与挑战；另一方面，源于我国政府树立的开放办学、建设世界高等教育强国等政策和观念的影响。目前，我国不论是在学者之间的国际交流，还是在互派留学生的规模以及国内外院校之间的合作方面，都达到了一个新高度，国际化人才的培养目标也得到一定程度的实现。

随着对外开放的格局的进一步拓展与深化，我国正在向世界证明中国有智慧、有能力为全球治理做出贡献。在高等教育领域，我们自然要树立高等教育自信，尤其是对所培养人才的自信，通过提高人才培养的质量从而有效参与全球性事务及问题的解决，实现从世界高等教育大国到世界高等教育强国的转变。

（2）全球治理型人才的"中国标准"

国际化的标准是有政治性、民族性和经济性的。高等教育的人才培养标准是多元的，因此，中国的高等教育人才培养模式要具备"人才自信"，并在此基础上构建全球治理型人才的"中国标准"。

对全球治理型人才标准应从软、硬两个要素来进行分析：①明确目前中国的国家实力与国际地位，具备大国自信，即中国有能力参与全球治理并可以贡献全球治理的"中国方案"；②具备批判性自身能力、人类整体认同能力和叙事想象力，意识到自己不仅生活在特定地域和国家之中，同时也是地球一员，享有所有人类所共享的权利，以及可以通过自己的个人行为，推动人类共同体的改善；③具备相关的治理知识；④具备在国际化人才的基础上嵌入"协商治理"的能力。

总而言之，对全球治理型人才的定义就是掌握语言、历史文化等治理知识，具备协商治理等治理能力，能够提出中国方案的全球人才。

2. 全球治理型人才培养模式的建设

（1）目标定位

全球治理型人才成为全球善治型人才，需要通过专业能力的发挥使全球公共利益最大化。高校理应承担起这样的使命，即所培养的人才应扩展自己的全球视野，关心并认同人类共同体的发展与命运，意识到自己与自己身处的世界的制度、环境和人类文化之间的紧密关系。高校培养人才的目的是使个体能够融入全球化的世界，并且实现对全球治理的推动。全球善治型人才应包含以下两个核心要素：

第一，全球善治的意识。全球善治的意识从价值上对全球治理型人才提出要求，即个体应当具备全球关怀，超越已有的民族、国家等集团的限制，从全球的高度关注人类共同体的命运与发展，这就需要通过全球的教育来发力，因为其目标在于从本质上着重加强个体对全球价值的认同，加强作为人类共同体一员的权利和责任的认识。

第二，全球善治的能力。主要从实践角度对全球治理型人才提出要求，即个体应当具有相应的知识以认识理解一个全球化的世界，拥有相应的技能以融入全球化的世界，以及拥有相应的行动能力，能够参与到全球治理的进程之中。其中所必备的技能包括批判性思维的能力、有效表达和辩说的能力、发现并改变全球不公的能力、尊重他人的能力以及合作协调以解决问题的能力。

（2）更新模拟及实习式教学

要成为全球治理型人才，除了要具备相关的理论知识外，还必须拥有一定的实践机会将理论知识融会贯通转化为治理能力。模拟式教学可以作为一种模拟真实场景的教学方式来检验学生的治理知识结构与培养学生的治理实践能力。

在当下"互联网＋教育"的背景下，应充分发挥以"大规模在线开放课程"（MOOCs）为代表的远程在线学习的作用，将国情、民情、社会风俗和语言教学相融合，培养学生的跨文化交际能力，增强学生的国际理解能力。当然最直接的培养手段就是把优秀学生推荐到国际组织中实习，这种真实的工作环境与场景对学生治理能力的培养比模拟式教学更为有效。现有的实习途径有：①国家留学基金委以资助的方式选派高校大学生到国际组织中实习，在这方面我国已有相关的政策支持；②通过参与我国人力资源和社会保障部主办的联合国人力资源外联项目，使高校学生更加明确成为优秀全球治理人才的素质能力，并以主动申请的方式参与其中。

（3）第三方国际社会组织评价

高校所培养的全球治理型人才的质量如何，有没有达到标准，都需要一个客观的评价。无论是教育行政部门还是高校自身均不是评价的主体。在治理理念下，人才培养标准的评价主体自然也是多元化的，其中更为科学客观的评价主体应是第三方的社会组织评价，这也契合了高等教育放、管、服改革中人才培养与评价相分离的要求。

为了顺应高等教育国际化的发展趋势，对于评价方式的革新应注重国际评价标准及程序，丰富评价的工具及手段，将评价结果用于诊断全球治理人才是否达到规格，是否有能力在全球事务的处理中承担重要的角色。因此，从国内和国际两个主体维度来对高校所培养的人才是否具备全球治理素养进行评价，应是当前评价手段更新的一种思路，适应了多方参与全球治理型人才评价这一理念。

第二节　高校创新创业人才培养体系

一、高校创新创业人才培养的业务规格

（一）高校创新创业人才培养采用多元知识结构

第一，精通本专业领域的知识。我国高校培养的创新创业人才必须能够比较系统地掌握本专业领域宽厚扎实的基础理论知识及动手实践知识，掌握工程科学原理等本专业基础知识，具有博大精深的专业知识与技能，对本专业大多数领域的相关知识有相当程度的了解；深刻理解本专业业务流程，能够洞察其深层次问题并结合具体实际情况给出相应的解决方案；善于将本专业领域与其他相关知识领域紧密联系起来，综合运用专业理论知识与实践知识解决创新创业实践中遇到的问题，排除障碍，不断实现产品创新、技术创新、理念创新和管理创新。

第二，具有良好的人文修养。未来社会的创新创业人才必须能够掌握基础的人文知识、法律知识、历史知识、哲学知识、艺术知识等多元合理的知识结构，了解中国传统文化和世界文化的精髓，具有良好的人文素质修养。由于教育的专门化加强人文素养教育将在很大程度上改变各专门人才的单向倾向，使得学生既有科学素养，又富有人文精神，既有专业知识储备，又有健全人格。学生会从多个不同的角度看待问题，有利于发现创

新点，创新创业的过程中取得创造性的成果。

第三，具备多语种沟通能力。高素质的创新创业型人才必须熟练掌握两门以上的外语，必须具有扎实的外语基础，掌握良好且行之有效的语言学习方法，精通外语语音、词汇、语义等方面的知识，具备较强的听说能力和读写能力，能够熟练运用外语进行顺畅的沟通和交流，具有和他人沟通协调及进行国际交往的能力。只有具备了多语种沟通的能力，才能拥有在全球化的经济浪潮中顺利解决创新创业过程中遇到的困难与障碍的前提条件。

（二）高校创新创业人才培养需要突出实践能力

在能够熟练掌握扎实的专业理论知识和实践知识的前提下，创新创业型人才必须具备理论联系实际的能力，将理论知识及实践知识灵活应用到具体工作中去，只有在运用知识和理论的过程中，才能体现创新能力。在知识应用的过程中学以致用，独立思考发现实践问题并创造性地运用有效方式方法或途径，全方位地综合分析问题，具有排除创新创业过程中遇到的困难或障碍，并最终解决问题的能力。

（三）高校创新创业人才培养要有创新的意识

第一，新颖的创新思维。对培养的创新创业人才的要求在创新方面体现为，针对某项特定的问题，创新创业人才必须能够打破常规思维的界限，具有独到的见解，提出与他人不同的创造性意见或解决方案，从而产生新颖独到的思维成果。

第二，敏锐的创业意识。创业意识是创新创业人才从事创新创业活动的强大主观内驱力，是创业活动中起动力作用的个性因素。创业意识包括宏观且敏锐的商机意识、将商机转化为现实生产力的意识、创业的战略意识、规避风险的意识和敬业意识等。创业意识的要素包括不满于现状的创业需要、追求成功的创业动机、浓厚的创业兴趣和一定时间内稳定的创业理想等。

第三，熟练的创新技能。创新创业人才必须是具有一定创新性的技能型人才，必须具有综合运用理论知识，在科学技术、管理等各种实践活动领域中不断提供具有经济价值和社会价值的新思想、新理论、新方法和新发明的创新技能。创新创业人才必须具有强烈的创新欲望和较强的创新能力、博专结合的专业理论知识和精湛的专业技能。

第四，灵敏的商业经营意识。高校培养的创新创业人才必须具有足够的市场敏锐度及强烈的创新创业意识，具备宏观地审视经济环境的能力，能够洞察未来一段时间内市场形势的走向，将好的创新意识在适当的创业时间中孵化出商机来保证企业的持续发展并驱动经济社会发展。创新创业人才必须掌握审时度势、灵活机动的商业经营谋略，掌握商业营销的基本理论与原则，能够从宏观的角度权衡各种商业经营模式的利弊，具有诚实守信的商业经营作风。

（四）高校创新创业人才培养要适应社会的能力

第一，社会责任感。社会责任感是每个公民都必须具备的基本道德品质。对于能够在经济全球化浪潮中生存并发展的高校创新创业人才而言，具有服务于国家和人民的至高无上的社会责任感显得尤为重要。社会责任感包括自我责任感、家庭责任感、他人责任感和集体责任感。作为未来社会中坚力量的高校创新创业人才，更应具备强烈的社会责任感，对待工作始终保持专业的态度，具有保护环境、保护国家财产安全的意识，在大是大非面前不被金钱或利益所迷惑，始终将对国家和社会的责任感铭记于心。

第二，团队协作精神。在创新创业的过程中，不可能所有的工作都由一个人来完成，而是需要团队齐心协力共同合作。未来经济社会对高校创新创业人才的团队协作精神提出了更高的要求，培养高校创新创业人才的团队精神是适应社会经济发展的需要。尊重团队中每个人的兴趣和成就是团队协作精神的基础，所有成员齐心协同协作是团队协作精神的核心，全体成员的向心力与凝聚力是团队协作精神的最高境界，团队协作精神反映的是个体利益和整体利益的统一。团队中每个人都应该意识到协作精神的重要性，并且具备协调团队内部各个成员关系的沟通协调能力。只有团队的每个成员都具备团队协作精神，才能保证组织的高效率运转。

第三，终身学习的能力。随着我国高等教育大众化中后期进程的不断推进，高校创新创业人才的学习时限也必然从单纯的学校教育扩展为终身学习。高校创新创业人才应具有随时随地主动学习的意识，并且具有利用书籍、网络等工具学习知识的能力，善于与他人交流学习经验。只有具备终身学习的能力，才能跟上日新月异的知识更新速度，适应未来经济社会的需要。终身学习能力是构建学习化社会的基石，有助于提高社会成员的整体素质，为促进学习型社会的形成提供强有力的人才支持。政府应支持指导终身学习公共服务平台的构建，来为创新创业人才提供资源整合的学习支持服务系统。

第四，适应环境的能力。面对变化莫测的经济环境和激烈的市场竞争，以及随时出现的需要正确迅速解决的问题和困难，高校创新创业人才需要有比普通人更强的适应环境的能力，要有更强的心理调控能力，能够保持积极而沉稳的心态。

二、高校创新创业人才培养的一般要求

（一）确定目标体系

确定高校创新创业人才培养的模式，应根据高校的不同类型，学生的不同特点和需求，创业实践和创业环境的不同特点，设定系统化的创新创业人才培养目标，并将人才培养模式依据目标和方向不同，分为横向目标体系、纵向目标体系和多重目标体系，对目标

进行进一步的考量，最终建构起适应高校创新创业人才培养的目标体系。

第一，横向目标体系，是指将特定的指向作为大学创新创业人才培养的目标。一般而言，可以将其分为创业能力目标、知识目标、人格目标等。创业能力目标体现在创业涉及的活动效率上，员工的能力往往决定了企业的活动效率，能力是创业成功的主要保证。任何成功创业都无法和其专业的经济管理专业知识分离开来。知识是创业的基础，是人才能力培养的基本保证。而员工是否具有适合企业发展的人格，对企业而言十分关键，因此，对企业员工人格目标的掌握，可以有效调节企业员工的工作动机。

第二，纵向目标体系，是指以培养高校创业人才的实现能力作为维度主要发展目标。一般情况下，可以将其划分为理解创业行为、掌握创业能力、实施创业能力。要使学生理解创业行为，对学生进行理解培养是十分必要的，如果学生无法理解创业，无论其是否具有创业能力，也无法实现创业。应使学生掌握创业能力，明了创业的内在规律及涉及的法律问题、风险论证等，使学生在未来能更好地理性规划其职业生涯，只有这样，才能使学生在特定的环境下具有实施创业的能力。

第三，多重目标体系。高校创新创业人才培养并不是一个完全独立的教学项目，由于各高校体制与专业设置不同，因此，应从高校自身发展需求出发，结合本校学生特点，发挥专业设置优势，构建多重创业教育目标体系，在满足学生发展需求的同时，体现新时期高校创新创业教育的普惠性，搭建学生能力快速转换桥梁，培养学生各项创业能力。

（二）转变教育观念

第一，变"适应性教育"为"创造性教育"。高校肩负着时代赋予教育的使命，需要将创新创业教育的重要性提高到等同专业文化教育的高度。教育可以给学生一个广阔的平台，引导学生转变思想观念。具体操作形式不仅仅在课堂，还在课堂之外，开发"第二课堂"，也可以将国家政策性的大学生自主创业工作看作规定动作，"可以根据学校的办学水平、层次自主进行选择，要用创新创业教育思想来指导教学育人的全过程"[①]。

第二，完善人才综合素质评价体系。现有的高等教育"重传授轻参与""重课堂轻现场"，考核评价内容也是"重知识的记忆轻能力的掌握"，难以有效推动学生综合素质的提高。从人才培养模式的角度评价，教育质量要跟职业技术岗位挂钩或同步配套，会给操作上造成一定的难度。在追求学科的完整性、逻辑性的基础上，满足实际需要的前提下，科学判断，对教育对象进行价值判断，直接体现了人才培养规格和人才质量的价值评判。创新创业教育质量评价急需尽快实施，作为素质教育核心的内容，创新创业教育必须纳

---

① 潘斌 . 高校创新创业人才培养模式研究 [M]. 西安：世界图书出版西安有限公司，2018：145.

入人才综合素质评价体系之中。

（三）加强课程设置

实施创新创业人才培养，课程设置是关键，因为它直接关系到培养怎样的人，关系到怎样组成学生合理的知识结构。创新创业人才培养是专业教育的重要组成部分，那它对所有专业必然具有一定的普适性，同时，高校人才培养目标定位不同、学科及专业特点不同，决定了创新创业人才培养必须适合专业特点的特殊性。

1. 课程设置的原则

大学的创新创业人才培养应以第一课堂课程教学为载体，融合专业教育，着力培养学生的科学精神与人文素质，以及未来创新创业所需的心理品质、知识和能力等。创新创业人才培养的课程设置要从其培养目标出发，遵循的原则有以下几条：

（1）创新创业教育与传统教育相结合的原则

传统教育体系主要分为普通教育和职业教育两类，普通教育往往致力于培养德、智、体、美、劳全面发展，而且生理、心理、社会文化素质整体都有所提高的合格的社会公民，而职业教育是在前者的基础上，更注重培养职业技能、素质，主要为社会、经济发展提供专门人才。随着教育多年的发展，这两类教育体系逐渐趋向于独立、完整。而且，在办学、教学方式等方面也具有一定特色，在整个教育、社会系统中获得了比较稳固、独立的地位。传统教育体系中包含某些不自觉的，处于零散、间断、偶然状态的创新创业教育的因素。同时，也有某些相关实践措施，但仍然处于缺乏明确指向、固定目标的状态。

创新创业教育是一种新的教育理念，它是在传统教育体系的基础上，培养创业素质和本领，为社会发展提供具有创新意识、开拓精神和创业能力的社会财富、就业岗位的创造者，它们与传统教育体系之间相互渗透又相对独立。

由此可见，在对创新创业教育体系框架进行设计时，必须首先或单独或凭空进行，结合普通教育、职业教育领域，并且充分利用普通教育生所提供的一般知识结构、智力、能力，以此来作为创新创业教育的培养基础——培养创业社会知识结构、创业能力、技能的基础；加上普通教育所提供的健康个性、道德规范可以作为一种生长基因——培养开创个性、社会责任感和义务感、开拓精神的生长基因；除此之外，还可以利用职业教育所提供的职业知识、职业规范、职业技能作为创新创业教育的一种基本条件和发展背景。此外，创新创业教育的目标、内容有自己独特的层级体系——逐步递进、逐级上升，以适应不同年龄段、教育阶段学生的要求。利用学校现有途径、方式，并结合普通教育和职业教育的内容与方式，逐步实施。

（2）主体性与互动性相结合的原则

作为培育人才的系统，创新创业教育体系设计的第二个原则是要将主体性和互动性相结合。创新创业教育的参与主体主要是教师和学生，而高校所汇集的高水平专家学者、教授以及研究生，使得其拥有大量可以身兼教学与科研的复合型人才。努力让学生成为能够适应社会发展的有用人才是学校培养学生的目的，因而，教育体系必须要尊重并注重不断完善学生的人格，包括稳定的心理素质和高尚的道德品质，鼓励他们发扬自己的个性，贯彻以人为本的教学理念。

此外，通过建立各种互动性的内容、活动方式来加强教师与学生之间的沟通、理解以及学生之间的协作与交流。利用多方位的人际互动的环境和相对平等的学习关系来启发、引导学生的创新创业思维。创新创业教育常被理解为"培养企业家"的教育、"解决就业问题"的教育，这两种观念会导致创新创业教育成为面向个别学生的树典型式的教育以及在创新创业教育上的急功近利行为，偏离了高校实施创新创业教育的初衷。

（3）一致性与差异性相结合的原则

高等教育的基本任务就是培养具有创新精神、实践能力的高级专门人才。高校实施创新创业教育有一个基础——创新教育，并且以创业教育为载体，将两者结合起来作为整体来推进，更重要的是，要针对全体学生进行设计、实施，全面提升全校学生的创造意识、创造精神、创造思维、创造知识以及创造能力。因此，创新创业教育并不是一项临时性任务或活动，而是一种人才培养手段，是与高校专业培养目标一致的手段。

不同偏重面的各高校，在体系设计上也有所不同。一方面，不同的高校所处地域不同，因而所具备的社会环境也会有所不同。当然，高校的创新创业资源条件也会有很大的差别，这就使得高校在对学生进行创新创业指导时，在培养和实践方面所采取的方式、目标内容的设定等都不尽相同；另一方面，不同类型的高校，在人才培养规格的定位上有所不同，同时，根据不同专业、个体的不同需求与定位也会对此分别实施不同类型的创新创业教育，主要是结合专业性、普及性，设定不同的创新创业教育目标，选择合适的创新创业项目内容，定位合适的创新创业层次，不可以不加选择地效仿。

（4）创新性与实践性相结合的原则

创新是民族进步的灵魂，也是国家兴旺发达的不竭动力。国家要走向富强，那么大批具有开拓创新精神的高素质人才是必不可少的。在这样的大环境下，高校提倡开拓与创新，强调创新办学的理念，实施创新教育，注重知识创新，培养创新人才，并对学校管理、功能、教学、科研等方面进行创新。创新创业教育是一种大众教育，它的创新性重点主要体现在教育模式、教师教学方式以及学生学习方式的创新这三种创新上，要求培养出具备开拓性、独创性、发散性思维和批判性思维的学生，这就要求必须根据其培养目标来选择、组合和构建教育体系的元素、结构和系统。

此外，除注重创新性外，实践性也是很重要的。创新创业教育体系与传统教育体系有很大区别，相较之下，它更着重培养学生的创新创业意识、创业能力、个人素质、创新思维等。同时，它也是素质教育的深入与发展，这是一项艰苦的创造性活动，因而，要取得成功，创新创业主体就必须具备很强的实践能力。教学中的实践性主要通过教学活动与现实生活之间的密切联系来实现，培养学生的动手、交际、分析、心理承受能力等综合能力。

2. 课程设置的平台

目前，高校学生的知识结构和专业技能主要是通过专业教育获得的，学生的知识结构和专业技能基本决定了其就业和创业方向，尤其是创业初期的发展方向。因此，创新创业人才培养想要落到实处，就必须融入专业教育中，使专业理论知识的学习、运用与创新创业活动相结合，创建特色鲜明的课程体系，构建专业学习和实践能力相结合的桥梁，有的放矢地培养具备创新意识、创业精神和创业能力的专业人才。

当前高校创新创业人才培养应以培养创新创业意识、提高创新创业能力、增加创新创业人才培养实践为主线，其课程由创新创业人才培养课程基础平台、创新创业人才培养课程能力平台、创新创业人才培养课程实践平台三大平台课程组成，创新创业人才培养课程能力平台和创新创业人才培养课程实践平台可根据专业课程情况逐步实现与专业教育课程的融合。每个学生都应该学习。创新创业能力类课程和创新创业实践类课程是专业教育的深化和延伸，高校的创新创业人才培养强调以专业教育为基点，发挥专业优势，尤其是专业前沿的优势，满足创新创业的需要，使学生在专业教育的基础上，根据其兴趣、需要和能力，提高创新创业能力。

（1）课程基础平台

创新创业人才培养课程基础平台旨在培养所有学生的创新意识和创业精神，使学生在短时间内集中、系统地学习创新创业知识，对与创新创业相关的学术理论知识有更深的领悟，树立正确的就业观，为以后更进一步从事创新创业实践和研究工作奠定扎实而坚固的基础，这一课程平台是全校性的、跨专业的课程，可以以公共必修课、公共选修课或者素质拓展课的形式开展。创新创业人才培养基础平台课程包括创新创业意识类课程和创新创业知识类课程。创新创业意识类课程重在培养学生的创新意识和创新精神，促进学生创业心理品质的形成。创新创业知识类课程重在丰富学生的创新创业知识，对创新创业活动有初步的认知。

（2）课程能力平台

创新创业能力类课程是一类和专业教育紧密融合的课程，是将创新创业知识渗透结合到各专业的课程教学中，通过在专业课程教学内容中适当地增加创新创业元素，优化课程结构和内容，培养学生基于专业知识的创新创业能力。创新创业人才培养课程能力平台的具体途径如下：

第一，增加专业领域的职业发展研究与教育内容。大学的专业教育一般都有相对应的职业领域，但学生了解不多，对就业前景迷茫，创业更无目标。增加该方面的知识，可增加学生对未来职业的设想空间、明确创业目标，增加课程学习的目的性以及对未来的知识储备和心理准备。

第二，增加专业领域的科研与技术开发分量，目前在本科阶段，学生很少参与教师的科研，应该改变这一习惯，让学生在适当时机介入科研或者开发。尽管大多数学生的水平对教师的科研起不到多大的帮助，但学生参与科研活动，体验科研过程，增加工程体验，对提高学生的工程意识、工程实践能力都有很大帮助，为今后的技术创新、技术创业奠定良好的基础。特别是技术开发、小制作，这是点燃学生创造意识的火花、提高创新能力的工具，只要适当组织、引导，一定会有好效果。

第三，提高专业领域的创新创业案例教学，案例教学在发达国家的大学教学计划中占有重要比重，哈佛大学的经济类专业面向世界收集案例，以增加学生的相关知识和开阔学生的视野。案例教学最直接的作用是把学生带进了社会职业拼搏的现实中，通过剖析别人的成功和失败，改变自己的认识和经验，并产生一种对自己职业的现实感，是通过课程增加创新创业经验的好机会，而对这些经验、教训的理解和认识，可以从理性上提升学生的创新创业意识甚至能力。

（3）课程实践平台

创新创业实践操作类课程是指在专业实践环节融入创新创业活动的实践课程。创新创业实践活动与专业实践教学的有效衔接为创新创业型人才的深入培养提供了路径，它强调以学生的专业知识、社会需要和问题为核心，以有效地培养和发展学生综合实践能力为目的，强调超越教材、课堂和学校的局限，在活动空间上向自然环境、学生的生活领域和社会活动领域延伸，密切学生与自然、与社会、与生活的联系。

第一，改革教学方法，建立以课题和问题为核心的实践教学模式。为了提高学生的动手能力和创新能力，学校要改变传统的课堂讲授教学方式，选用案例式、模拟式、互动式和实训式的教学方法，变"教学"为"导学"，进行探究式教学、沟通合作式教学，将科学研究思维训练和科学研究方法训练融入实验教学中，引导学生主动学习，激发学生的主动性和创造性。教师要面向企业和社会积极承担行业课题，激发学生参加科研项目和技术开发工作的积极性。

第二，学校应积极组织开展学科专业竞赛，并有意识地与创新创业人才培养相结合，突出竞赛活动的创新性、创造性和工程实用性。

第三，结合专业特色建设大学生实训模拟基地，积极开展各种创新创业实践活动。利用学校原有的教学实习基地，依托大学科技园，充分发挥大学科技园孵化器功能及其支撑和服务体系，设立产学研合作专项资金，专门支持高校、企业和科研院所共建创新研发中心、开展技术合作。

第四，高校应结合本校的专业教育资源尽可能地开设模拟创新创业项目，鼓励学生积极参与，提高学生的实践能力、科研创新能力，让学生提供具体的创业策划方案，指导学生开展创业实践，体验创业过程，提升学生的创新创业能力。

（4）课程时间安排

创新创业人才培养应贯穿于大学生的整个教学计划中，融入人才培养的全过程。创新创业人才培养基础平台课程应该在大一、大二开设。意识是行动的先导，对刚入学的大学生而言，他们的创新意识、创业精神比较淡薄，对未来的职业发展没有清晰的规划，这一阶段，要加强对学生的创新意识和创业精神的培养，建立职业生涯规划意识，树立职业理想，有针对性地规划大学期间的学习、生活、工作。

创新创业能力课程和创新创业实践课程应在大三、大四开设。首先，学生经过专业知识的学习，才能明确创业方向，才能有的放矢地进行创新创业实践活动；其次，厚实的综合人文素质是提高创新精神和创业能力的前提，大三、大四的学生在经过大一、大二的基础课程学习以后，具备了一定的社会、人文和自然科学知识，加强了人文修养和科学精神的训练，在知识储备上有了一定的准备；最后，学生通过两年的大学生活，生理和心理逐渐成熟，对自己的职业选择、人生规划有了更加清晰的把握，对探讨、分析较为复杂的创业问题会更有深度。

（四）深化教育体系改革

1. 加强师资队伍建设

要培养学生的创新创业意识和能力，先要求教师能够引导，分类施教，能够以教授创新创业知识为基础，以锻炼创新创业能力为关键，以培养创新创业精神为核心，通过开设创新创业技术选修课、模拟实践过程的活动课、展示创业业绩的环境课，创设体验式教学情境等，使学生能够掌握基本流程和方法，了解相关法律法规政策，激发创新创业的热情，提高学生的社会责任感。

对师资的重视也要加大投资，既可聘请企业家、企业中高层管理人员来校做兼职教师，也可以聘请创业典型人物、成功校友来校讲座，形成相对稳定的、专兼结合的师资队伍，才能使创新创业教育更贴近社会和大学生实际。为此，创新创业教育的师资建设应建立广泛的渠道、采取灵活的方式、全方位地开展，在企业一线、在活动实践中增强经验。

（1）师资队伍来源

第一，从培养、培训入手。首先，要加强教师的理论知识培训，邀请校外名师、专家以及企业管理人员对教师进行理论素养的培训；其次，要利用各种平台和组织、参加各类创新创业研讨会的机会组织教师学习，加强交流，获得最新的创新创业知识和内容；再次，积极创造条件组织教师到企业挂职锻炼，获得创新创业与管理的真正体验，增强教师的实践能力、丰富其教学内容、提高其教学效果和说服力，有条件的高校可以拨付经费组织教师真正"走出去"，到欧美发达国家和高校学习先进的经验；最后，随着创新创业教育的发展，逐步建立起创新创业学科，设立硕士博士点，自我培养孵化创新创业教育教师。

第二，从招聘引进入手。首先，教师招聘要严把入口关，改善师资结构，此举可以有效降低成本；其次，高校应当从企业吸收既有一定学术背景、有丰富的实践经验的企业家到校任客座教授或兼职教学，改善校内队伍结构，带动校内教师水平和能力的提升，此举能有效提高学生学习的兴趣，开阔学生的眼界；再次，除了成功的企业家，还应该邀请政府人员、风险投资家、法律人士以及孵化管理者来校做兼职教师，让学生获得有针对性的指导。这些做法是动态的、开放的，应该在高校创新创业管理机构组织协调下统一开展并形成长效机制。

（2）师资队伍组成

师资队伍组织构成上既要有专职队伍又要有兼职队伍：专职队伍重点负责基础教学和实践管理工作，对创新创业教育活动进行统一规划和组织管理；兼职队伍重点解决实践教学的难题，同时帮助学生联系实践学习的基地。

（3）师资队伍水平

创新创业师资队伍应当有层次化和多元化的特点。除了专兼职教师之外，要加大"双师型"教师的培养，强调教师的综合素质，既要重视理论水平又要重视实践教学，避免出现两极分化过度现象的出现。多元化一方面体现在教师来源和擅长领域的多元化；另一方面要正确看待教师自身水平的多元化，要形成教师梯队，以老带新，鼓励新人，培养新人，给其快步成长的环境。

2. 创设良好文化氛围

文化的影响是深远的，榜样的力量是无穷的。利用一切宣传手段，在各个环节，课堂上、课堂外、校园里、家庭里都充满创新创业教育的思想火花，深入人心，在学术上、实践中都能融入创新创业精神，达到全面的教育目标。此外，还可以树立勇于创新创业的榜样，通过大赛奖励支持有志于创新创业并取得成功的学生，使学生形成崇尚的目标，鼓励个性张扬，保护突破性的创造行为，这样敢于创新创业的氛围才能逐渐形成。还要多参与其他组织的合作交流，共同探讨，发挥各自的优势，积极营造创新创业文化氛围，只有这样才能具备社会竞争和生存能力，毕业后才能为寻岗就业和创新创业奠定良好基础。

（五）搭建实践教学平台

教育必须服务于社会，这是我们力行的学以致用的问题。实践教学是实践能力培养的重要环节。大学生要想造福于社会，必先走上社会。构建创新创业实践教学体系，搭建多样化的实践教学平台，让每一个学生都能实际动手，学以致用，具备独立思考和判断的能力。另外，借助校外第二课堂，加强校企合作，拓展校外实训基地，还可以利用假期参加社会实践等。可通过直接真实的企业环境，体会到其中的乐趣与艰辛，锻炼了学生的应用能力、社会实践能力、创新能力，也增强了对创新创业的信心和决心。因此，创新创业教育实践教学环节不能仅停留在课堂上，或举办几场讲座、培训上，要加强实践教学环节，推进实施体验式教学，强化校企合作，切实加强创业实践基地建设和成果孵化基地建设，创建大学生创新创业实践基地，让学生边学习、边实践、边创业，通过校企联合的模式，广泛搭建学生实习、实训、创业和就业的综合服务平台，让学生走进社会，全面达到应用型创新人才培养渠道贯通的状态，这才是提高创新创业教育实效的必由之路。

创新创业教育实践的形式主要有以下方面：

第一，高校可以加强与校外企业的联系，在专业对口企业建立大学生创新创业实践基地，走校企联合道路。利用寒暑假组织学生在企业从事1～2个月的实践活动，真正感受企业文化，参与企业管理和实践，得到真正的锻炼，同时也能为企业带来新鲜的活力，实现一举两得的功效。比较成功的做法是"暑期实习生"的模式，组织大三学生进入企业开展实践活动，培养创新创业精神和能力。

第二，学校可以利用自身的优势，创建企业实体，当前已有众多高校有自己的校办企业，在实体中可以为学生提供创业实战的场所和氛围。

第三，有条件的高校，可以充分发挥大学生科技园的作用，发挥好科技园的孵化功能，将老师或者学生对项目的想法，在科技园进行孵化，并派驻老师进行指导，切实让学生在项目中成长。

第四，加强专业课的实践教学。课程学习之中可以组织学生进入实验室，参加创新项目，参与各类创新比赛，增强创新意识和动手能力。

第五，高校可结合学校特点，设立勤工助学岗，遵循"双向收益、互惠互利"的原则，让学生参与经营，锻炼创业能力；还可以提供机会，让学生亲自参与公共活动的组织与策划、法律或者金融实践的模拟等活动。

第六，重视并积极组织谋划大学生创业计划大赛。国外众多的名企都是来自大学生创业计划大赛，印度管理学院就经常组织国际性的创业计划书大赛，这是一种行之有效且见效快的教育方法，计划书撰写过程能充分锻炼学生的思维能力，并锻炼了学生的团队意识、竞争意识、大局观和综合运用各种手段查阅资料、获取各类信息的能力；在创业大赛的过程中，还能形成校友信息网络连接，建立校企合作网络，让学生近距离接触企业家，让创业不再神秘。

第七，当创新创业实践教育体系不断完善之后，可以探讨学制变化，在学制之内为每位学生都加入企业实训计划。

（六）构建全社会支撑体系

第一，引导积极正确的创新创业舆论。思想是行动的先导。我国传统儒家文化导致的传统守旧意识、"重农抑商"和"学而优则仕"等传统思想，严重影响了社会对大学生创新创业教育的认识，可见，长期处于这种教育环境下的大学生，因受传统文化的深入影响，表现出信心不足，主动性、独立性和进取精神差，缺乏强烈的创新意识和创业欲望，是不足为怪的，是会害人的，是会阻碍社会发展进步的。我们首先应该转变过去教育观念的认识，树立积极正确的创新创业舆论，全社会应当对创新创业教育予以必要的尊重和支持。

第二，创造良好的创新创业环境氛围。创新创业教育的成功不仅取决于个人的努力，更需要营造浓厚良好的氛围。应由高校牵头，以国家为主导，省级主管部门要积极协调配合，为大学生自主创新创业提供新的支撑平台。教育部部长袁贵仁也指出，力争在政策、程序方面为大学生提供方便，积极开发利用各种资源，用以扶持大学生创业。只有通过切实有效的政策支持和良好的创业环境相结合，才能使得大学生创新创业教育活动有效展开并取得成功。建立相应的工作机构和服务体系，组合经验丰富的教师、企业家、政府有关部门共同开展解读、咨询、协调和各种相关服务，为有创新创业潜力的大学生建立起社会化的创新创业教育的良好大环境。

第三，动员全社会创建各种支援体系。创新创业教育支援体系内容丰富，结构庞大，涉及很多的利益相关者，不要只看到创新创业活动存在的风险性和艰巨性，还要认识到它的利益性和战略性，需要多方面共同努力来构建，例如家庭、社会、媒体、学校和企业支持等，还包括他们的建议、咨询和指导、人力、物力、资金支持等，这些表现都会影响到大学生创新创业的水平。而社会的普遍认可、企业的接纳、学校的积极行动等都能带来一个良好的创新创业教育环境，为创新创业教育搭建一个很好的平台。因此，创新创业教育不能只是学校的课堂教学和活动，而应把整个社会环境都包括进来。

三、高校创新创业人才培养的激励机制

（一）激励机制的理论支撑

激励理论是行为科学中用于处理需要、动机、目标和行为四者之间关系的核心理论，是关于如何满足人的各种需要、调动人的积极性的原则和方法的概括总结。现代西方激励理论最早是西方在激励机制的活动中总结起来的，其内容可分为内容型激励理论、过程激励理论、行为改造激励理论和综合激励理论。

1. 内容型激励理论

内容型激励理论是指针对激励的理由与起激励功能的具体要素方法进行研究的理论，这种理论的主要任务是满足人们的需求，即为了激发人的做事动机。内容型激励理论主要包含以下四种理论：

（1）赫兹伯格的双因素理论。由美国心理学家赫茨伯格·弗雷德里克在20世纪50年代和60年代开发，理论前提是满意和不满意，激励因素和保健因素在激励中发挥了不一样的作用。保健因素是外在因素，如与领导关系、工作环境、领导的管理力，如果没有这些因素，员工会感到不满，提高这些因素可能会阻止或消除员工的不满。激励因素即内容因素或内在要素，如岗位职责、个人前途、岗位难度等因素，可以增强人的满意感，激励功能比较大。

（2）马斯洛需要层次理论。马斯洛需要层次理论是由美国心理学家亚伯拉罕·乌斯洛在1950年左右提出的理论。马斯洛在著作《人的动机理论》中，描述了需求的五个层次，即生理需求、安全需求、对爱的需要、尊重的需要、自我实现的需要。这五个层次，从低到高，如果满足了较低层次的需要，人就会追求较高层次，这五种需要不是都能被满足的，越高的需求越难满足。马斯洛认为，人可以在同一时期有多种需求同时存在，需求决定了人的行动，并且每个时期每个人都有不同的想要，而没有满足的需求是在人生阶段里占主要位置的。

（3）奥尔德弗 ERG 理论。奥尔德弗把需要分为三类：第一，生存需要，是最基本的需要，如衣食住行。工作的酬劳，也是为了该需要。第二，关系需求，指的是男女之间的关系以及社会关系的需要。第三，发展需求，是指要求内部希望改善和发展，需要一个人充分发挥其潜力，并有所作为和成就，还需要发展新的技能。

（4）麦克利兰激励需要理论。麦克利兰激励需要理论是在 20 世纪 50 年代初，哈佛大学心理学家大卫·麦克利兰专注于研究当人在生理和安全需求已满足后，人对成就感的欲望，提出的一种新的理论。

2. 过程激励理论

过程激励理论关注的是动机的发生和从产生动机到去行动的内在心理过程，希望揭示解释激励行为的一个过程。因为这种类型的研究是在激发过程，而非激励的具体方法，所以可以很好地推广到不同的领域。

（1）公平理论。公平理论是美国心理学家亚当斯的理论。在公平理论中，当一个人认为亚当斯取得的成就受到了奖励，他不仅在意工资的量，而是关心他们的工资的比较量。因此，他必须进行各种比较，以确定其得到的工资是否合理，比较的结果可能会影响工作的动力。横向比较，即将自己获得的"奖励"（包括材料、劳动合同和评估等）和"投资"（包括教育、努力工作时间等）等的能量损失和其他同事进行比较，只有比例相等时，他才认为是合适的。另一个比较是自己的劳动与得到的报酬的比，与他过去的比，当两者相当时，才认为是相等的公平回报。

（2）期望理论。美国心理学家弗罗姆的期望理论源自他的书籍《工作与激励》，弗罗姆教授认为，人们的期望是人类行为的推动力，以实现目标。人们能够从事一份工作并实现目标，因为他们的工作与组织目标将有助于实现目标，并满足个人的需求。

3. 行为改造激励理论

行为改造激励理论是指外部对人的行为有着重要的影响，激励的目的是为了改善和发展人的做事方式。环境对人的行为的影响起着关键作用，利用行为改造理论的基本原则，可以转换管理的角度，提高效率。该理论不仅会适用于对积极行动的激励维持和发扬，更适用于消极行动的减少和消除。

（1）归因理论。归因理论是美国心理学家弗里茨·海德在对社会实践和交往中发现的。不同的归因会影响人们的态度和动机，影响行为和随后的表现，对成功或失败原因的总结，会影响未来的思想和行为。

（2）强化理论。强化理论是美国心理学家和行为科学家斯金纳的理论。它是在增强学习的基础上，来理解人类行为和修正行为的一种理论。强化有正强化和负强化。正强化就是鼓励这些行为，加强这种行为，负强化是要谴责这些行动与组织不一致，削弱这种行为。正强化方式包括赞扬、酬金、提拔等。负强化的方法例如扣钱、开除等。

4. 综合激励理论

综合激励理论是在前面三种激励理论基础上发展而来的，是它们的综合。任何的激励理论在复杂的实际生活中不能够满足人们的需要，便需要综合来使用。这种模式的内容是，人在取得一定的成果后，得到两种类型的奖励：首先，外在的奖励，包括薪金、晋升、认可等。根据马斯洛的需要层次理论，外在奖励往往是满足一些低层次的需要。其次，报酬是内部奖励，这是因为工作绩效好而给的回报，对应的高层次需求的数量得到满足。

（二）激励机制的有效实施

激励机制是在组织系统中，激励主体系统运用多种激励手段并使之规范化和相对固定化，而与激励客体相互作用、相互制约的结构、方式、关系及演变规律的总和。激励机制是企业将远大理想转化为具体事实的连接手段。激励是以人为主体的，为了发挥人的主观能动性，讲究人性化的行为，而机制是遵循事情发生发展的客观规律的，是一种科学的系统。

激励机制是用一系列客观理性的制度来反映激励的主体与激励事物相互发生作用的方法。激励机制一旦形成，它会作用于系统本身的内部组织，使组织在特定状态下运行，并进一步影响其发展。激励有两个功能，促进性和削弱性。激励促进作用是指一定的奖励使员工被激励的行为被反复强化，不断加强，我们称这样的奖励是好的激励机制。当然，作为一个良好的激励机制应该有惩罚措施，制止人的不符合激励目标的行为。如果激励机制本身不适当，或机制不具有实际操作性，会减少人的主动性，削弱了效果，这就是激励机制的削弱功能。因此，应该及时总结不适合的激励机制，代之以有效的机制。

1. 激励机制的实施步骤

激励机制有自己的运行模式，也就是激励的过程。大概有四个步骤：第一，双向沟通，可以使管理者了解被激励者的个人需求、职业规划等，并说明组织的行动目标等。第二，各自行动，管理者根据个人的专长提出要求，布置任务，而被管理者开始以相应的方式行动。第三，评估阶段，在某个阶段，定期对被管理者进行评估。第四，奖励，对于出色的人，需要去奖励奖赏。

2. 激励机制的实施原则

（1）面向全体大学生。面向全体大学生是高校对大学生创新创业激励机制的基本原则，应该切实明确全体大学生是创新创业实践的自觉主体；创新创业人才培养不是针对少数大学生的激励机制，而是面向全校大学生展开的广泛而系统的激励机制。面向全体是指高校在实施激励机制时对全校的所有学生同等对待，不论他们的年龄、性别、文化背景、家庭出身如何，不管他们生在农村还是城市、是否残疾，也不管他们对创新创业是否有兴趣，按照计划开展各项创新创业激励活动，实现创新创业的目标。尊重每一个学生的人格，应尊重每一个学生，关注每一位大学生的个体差异和大学生创新创业需要，满足不同大学生的创业需求，创设能引导学生主动参与的创新创业环境，激发他们的创业兴趣，提高他们的创新思维和创业能力，使他们通过实践积累经验，都能从无到有，提升水平，取得创新创业的好成绩。高校要客观公正评价每一位大学生，在评价过程中，应保证所有大学生都有机会参与创新创业理论和实践活动，要从全方位、多层次、多角度客观公正评价每一个大学生。但是评价不是要把他们分成三六九等，也不要故意抬高部分大学生、故意批评另一些大学生，而是为了更好地激励、反馈与调整。另外还可以让大学生采取自我评价、班级互评、学院互评等多种方法。高校的评价与大学生的评价相结合进行，更重视大学生的自评和内部互评，更多地关注大学生创新创业现状，以便进一步地激励大学生自主创新创业和提高创新创业水平。

（2）基于专业教育。基于专业教育是高校创新创业激励机制的知识根基，切实明确专业基础知识与基本理论、落实实践锻炼是实现大学生创新创业的深层动力，在大学生不同专业学习中培养他们善于创新、善于发现机会、善于参与创新创业实践的能力。基于本学科专业的激励，就是旨在引领不同专业的大学生掌握本学科专业的基础知识和理论，掌握与本专业相关联的创新创业知识和技能，致力于运用自己的专业发现新问题、探索新事物、寻求新领域新点子，走向与之相关的创新创业的新道路，这是结合大学生自己的创新思维和熟练运用专业知识及技能的道路，更能激发大学生的创新创业积极性，因为这是一个熟悉的领域，学好专业和创新创业互相促进，共同进步。高等教育是以对大学生专业为主的准职业教育。大学生创业如能结合自己大学时所学的专业进行，更有利于自己进行创业实践。对于高校而言，如何根据学生的专业，有针对性地进行创业方面的激励和指导，是高校做好大学生创新创业激励需要重点思考和解决的问题之一。创业能够带来的丰厚回报很令人激动，但创业的风险也同样应引起大学生的重视。要创业必须对准备踏入的专业行业有足够的认识和充分的了解。

（3）实施分类培养。实施分类培养是高校创新创业激励机制的个性化原则，切实明确个性化指导是创新创业人才培养的基本精神，创新创业激励不仅促进学生社会责任感生成，创新精神、创业意识与创业能力及综合素质的全面发展，而且强调因材施教，促进学生个性发展。在保证全体大学生都受到同样激励的基础上，要注意挖掘每个大学生的个性和特长，使创新创业的总体目标与每个大学生的具体实际结合起来，大学生得到百花齐放的个性张扬。高校应从每个大学生的实际情况出发，区别对待，为大学生创造更多的自学、观察、操作、思考、表达、交流、表现的机会。鼓励大学生创造性学习，不求一致的行为和答案，努力为大学生创设宽容、理解、和谐、平等的气氛，尊重大学生们富有个性的思维而不是让大学生人云亦云，使不同类型的大学生都找到自己创新创业的道路，使每个大学生都能体验到成功的成就感和喜悦。还要在创新创业激励过程中注意张扬每个大学生的个性，培养学生分析和解决问题的能力、人际交往和团队协作的能力。高校在激励过程中要善于对大学生给予启迪和帮助，要从大学生的个人实际出发，给他们创设机会参加创新创业实践锻炼，培养学生不断探索、勇于创新的科学精神和创业的魄力，要大学生们学会利用周围同学每个人不同的特长共同合作创业。

（4）强化实践环节。强化实践环节是创新创业激励机制的一个重要部分，切实明确创新创业训练是专业实践激励的重要延伸与补充，创新创业激励在注重大学生知识事业拓展的同时，更加强调大学生创新训练、创业训练、创业实践等实践操作能力的提高与专业知识的学以致用。创新创业实践是提高大学生创业意识和获得实际经验的最好方法。现在大多数大学生最缺乏的不是理论知识而是实践锻炼。强化实践的原因就是高校一直最忽视的就是大学生的实践，创新创业实践更是极少。在创业实践过程中，大学生们将遇到各种不可预见的新情况、新问题，应对这些新的问题就是得到创业成长的最好办法。大学生参与创新创业实践有助于把想象的情况和真实实际的社会对接，促使专业知识与实践相结合，大学生实践活动较少，对创业的辛苦没有很多认识，平时都是在课堂中学习，缺乏实践挫折和创业的问题体验，缺少耐挫力和面对解决问题的能力。很多大学生通过参加校内校外的创新创业实践活动，增强自己的耐挫力和心理素质，提高自身的创业能力。

创业实践绝对是必须强化的重大环节，只会理论还是无法创业成功的，高校对大学生在实践中多激励，建立创新创业实践基地，多激励大学生走出校园参与到企业的管理实践中去，才能造就一批创新创业人才。实践使大学生在学年内积累经验。第一，高校要多举办校内创业实践活动，例如大学生商业计划书大赛、大学生创新创业展示大赛等大赛。第二，高校还应鼓励大学生们参加社团组织活动、创业见习、职业见习、兼职打工、求职体验、市场和社会调查等活动来接触社会，了解市场，并磨炼自己的心志，提高自己的综合素质。第三，创业实践活动无处不在，高校应建议大学生平时要经常与有创业经验的亲人和好友交谈聊天学习，甚至是可通过电邮和电话认识自己喜欢的创业家。高校可提供一些企业家的联系方式，这些成功者的经验远远比书上的知识更丰富更实用，这种交往能够得到第一手创业经验，使大学生们学到更多，成长更快。第四，高校应激励大学生们从事真正的商业行为，主要鼓励即将毕业的大三、大四学生，让他们在毕业前就可进入创业的初始阶段，可与同学合作承包一个店铺，或加工、修理，或销售、服务等,在实干中体验创新创业,这是毕业生们进入社会前的一大学习,为将来创办企业打下了坚实的基础,培养了他们分析问题和解决问题的能力、组织协调能力、管理能力、应变能力、语言表达能力,更好地做好毕业后的创业准备,顺利走向社会,成就自己。

3. 激励机制的实施对策

（1）高校实行大学生创新创业激励机制的内容

由于激励的重大功能,激励机制在高校的学生管理工作中得到很大的推广。为了激励大学生开展创新创业活动,高校应该形成以精神、物质为主要形式的激励机制。主要包括开设激励课程、实践激励、奖学金、学分制、奖状、公开表扬、就业推荐等。随着经济的发展,人才越来越多,竞争力越来越大,大学生对于奖励越来越重视,这就包括物质激励机制和精神激励机制两部分,基于西方的综合激励理论,设计的机制以具有实际操作性为主。

（2）高校大学生创新创业激励机制改进的对策

第一,外部激励与内部激励相结合机制。鉴于内外部激励的优点,需要采取外部激励和内部激励相结合的激励机制,这样才能更好地促进大学生创新创业。

首先,大量开设指导大学生创新创业的课程。开设指导大学生创新创业的课程,包括必修课和选修课,提升学分外部激励方面,每个院系要开设创新创业课程,但对不同专业的大学生要因材施教。高校在开设课程的时候应该针对不同院系和专业,必修课和选修课都要开设,上课时不仅要普及创业的意义、创业的准备、如何创业等普遍性常识,引起他们的兴趣,培养创业意识和精神,而且要教授相关案例,并结合所学专业,运用自己的专业知识,去在自己熟悉的专业领域创新创业,成功率更大,其中对企业的创建和管理内容应该重点讲解,这样更能引起他们浓厚的兴趣和提升大学生们创新创业的自信心,这是必修课。选修课方面可以根据大学生的兴趣选择,当大学生创新创业的兴趣不在自己的专业领域时,可以再选修这方面的课程,在选修课中会教授不同领域的创业准备、创业素质、创业过程和创业方法等,这些是在校外很难学到的知识,需要高校开发一些创业类教材,包括对创业者个人性格和素质的评估、开发和训练。这些课程的学分需要提高,激发大学生去学习。

其次,多给大学生创新创业实践的机会,方便他们有实际操作接触的机会。在高校中大学生缺乏动手实践机会,光听光看是不足以引发大学生的兴趣,不足以渲染校园创新创业气氛的,还需要大学生实际动手操作。兴趣需要在实践中慢慢产生,提高大学生自身的耐挫力,人际交往能力和心理素质都必须在实践中得到锻炼和提升,大学生在参加实践中发现自己的素质得到了提高,更加肯定自己,更积极地继续参加实践,这是一个良性循环，体现了外部激励和内部激励的融合。让大学生参与到高校的日常事务和管理中去，激发他们的工作激情。大学生们对高校的工作都有参与兴趣，愿意为同学们贡献出自己的一份力量；安排任务工作时需要考虑到每个学生的兴趣和特长，以自愿为原则；工作需要在大学生的能力范围之内，但是又要有一定的挑战性；在选择大学生担任高校重要职位之前要根据他们的创新创业成果来选拔，这样就更增加了大学生的创新创业积极性。参与也是一种乐趣，是一种给自己受到赞赏的机会，它能满足人的归属和自我存在感的需要。从选拔来看对大学生而言就传达给他们一种信息，那就是，老师和领导对他们的信任与肯定，这既起到了精神上的激励作用，又激发大学生去实践，增强责任感。

再次，高校内设立"创业区"，大学生可以把大学当作一个社会，高校鼓励大学生在这个区域内开放自己的思维，张扬个性。在创业区里，大学生可以运用自己的聪明才智和创造力，创造各种小企业、小公司，从事经商的工作。同时，创设机会让大学生可以与真实的社会接触联系，通过高校内建立的大学生创新创业社团、创业校友联合会、创业咨询机构和高校各院系或校级的项目与校外的企业、公司和社会组织建立合作，大学生可以到这些组织中去学习、实习和服务，这些都可以在大学生的课余时间和假期期间进行，不会耽误课程任务的完成，而且这些工作也是大学学习任务很重要的一部分，大学生在实践中得到的成绩可以获得高校学分、奖学金和奖状的奖励，也会得到企业和社会的认可。

最后，要运用赞赏和晋升等手段激发大学生参与创新创业活动的积极性。内部激励措施方面还有在大学生组织学校活动时，让他们自己做主，发挥新时代人才的聪明智慧和潜力，运用宽领域的创造性去开展创新创业活动，对于举办顺利和成功者，院系、学校老师和领导应给与充分的支持和鼓励，让他们对自我的价值认同，从而更加努力地举办创新创业活动，该发奖状的发奖状，该提升的提升职位，升到上一级的职务中继续学生工作。在这个过程中，大学生既在组织中体会到管理的创新，也懂得了创新创业活动的内涵和乐趣。

第二，宏观激励与微观激励相结合的机制。高校应该施行适当的政策措施，为激励创业提供必要的资源，促进从事创业的各种学生的实践行为，给予他们支持。

首先，营造浓厚的创业大学校园氛围。我国的高校应该努力营造这样一个价值观气氛；高校可以通过校报、校园广播、校园网、海报和宣传板等载体向大学生们宣传国家、各地方和高校对大学生创业的优惠政策，当地或本校大学生创新创业成功案例和成功企业家的创业史；开展学术交流会、学术报告会和讲座等，尤其是邀请社会上成功的企业家来校指导，拓展大学生的视野，传授创新创业的相关理论和实践知识，让大学生开始接触到创新创业这一全新的领域，在渐渐了解中萌发兴趣。要建立创业教育的新理念，与传统的职业观念不同的一种新的教育理念和模式。

其次，针对创新创业课程中有优异研究成果的大学生，设立"创业学分"。在具体的微观措施方面，对于在课堂上积极发言、积极表现，产生新想法的大学生增加学分。另外，我国可以聘请社会上的成功创业者、企业家、从高校走出去创业成功的人来校园内定期讲课，高校与这些有实际经验的"老师"们签订合同，长期合作，从而弥补了高校内编制内教授仅擅长科研和学术理论研究的不足，同时也可以启发大学生的创业思路，拓宽创新创业视野。

再次，建立校内校外创新创业专项经费和贷款。对于大学生而言，无论是基于专业开展创业实践还是从事创新实践，无论是企业初创期还是企业成长期，充足的资金支持都至关重要。高校为推动创新创业教育实施和创业活动开展，可以从两方面筹集资金：一方面由学校拿出一部分专项资金作为创业基金，如大学生创新创业项目基金、大学生创业种子基金、创新创业竞赛支持资金、大学生创业基地建设资金、个性化指导资金等，激励大学生创新创业实践；另一方面由成功的创业大学生共同出资成立大学生创业基金帮助在校生或毕业生参与创新项目研发、创新成果转化、创业企业运营。高校应该积极采取一些措施，争取国家和社会的捐款。在高校内，应积极激励大学生创新创业，接受国家和与高校有产学研合作的企业捐赠的同时，也有一些定向的合同为前提，当他们拿着这些资金取得了一些成绩的时候,应该回报国家和企业,可以采取贷款或者合作的形式。向国家和企业贷款，在几年的创业期限之后需要连本和利息一起还给国家、企业；如果是合作，就是当大学生在几年期限之后取得了创新创业成果，向国家的创业基金会投资，或是与之前赞助的企业联合经营，帮助赞助企业发展。以此形成良性循环，大学生和企业互惠互利，企业更愿意到高校帮助大学生，提供创新创业的经费，高校的创新创业激励机制可以向着良性健康长久的方向发展。

最后，高校建立有利于大学生创新创业实践锻炼的激励机制。理论与实践相结合是促进高校创新创业激励机制完善的重要组成部分。高校中对大学生的创新创业激励和帮助往往是有限的，还局限在知识的教授上，从而使知识和实践脱节。高校应该引导大学生挖掘自身的潜力、创新性和积极性，建立完善机制不断激励他们积极主动地进入创新创业实践活动中去，为大学生们提供模拟基地，这是一个针对整个高校的宏观的大工程。

第三，优化激励要素的配置。建立与完善高校大学生创新创业激励机制并不简单，其关键是要对各参与主体进行动机激励，动机受参与主体自身观念体系、个人素质及情感因素等的影响，而参与主体，主要是教师和学生的个人素质状况又受到学校管理水平、校园文化氛围、硬件设施建设等的影响。因而，在创新创业教育过程中，首先要发挥情感教育的动机激发功能，引发学生自身的学习和创造激情；其次要通过学校内部的各种奖惩机制构建与优化课程改革与学分设置等来激发教师及学生之间的创新创业互动和行为。而且，在发挥显性课程激励作用的同时，还要特别注意发挥校园文化等隐性课程的育人功能，建立课堂内外的创新创业动机激励机制。

首先，创新学分具有激励的功能、评鉴的功能。创新创业活动要科学化、规范化，那么，高校在实施创新学分的过程中就要注意以下两个方面：一是明确规定创新学分的内容及范围，使学生对它有一个清晰的概念；二是对创新学分的评定标准进行细化，对其研究成果能取得的学分做明确规定，如学生取得的创新学分可以冲抵教学计划总学分中的哪部分等。另外，规范化的创新学分运作制度，可以对大学生创新创业活动产生明显的激励效果。

其次，在资金许可的条件下，加强学校的硬件设施建设，建立创新创业基地，激励更多的创新创业活动。欢迎公司企业、社会基金进高校，建立创新实践基地、创业孵化基地，建立校内外相结合的课题组，指导学生开发研制新产品，创办新企业。

第四，注重物质与精神激励并举。有效的激励，必须通过适当的激励方式与手段来实现。在实施创新创业活动过程中，应该针对不同的对象给予不同的激励。

创新科研经费是最基本的物质保证，学校若只表面鼓励学生参加科研活动，却没有提供相应的科研经费，很容易使学生陷入艰难的境地。因此，高校应强化相应的物质奖励。与此同时，在整个奖励过程中，还需要把物质奖励和精神鼓励有机结合起来，评出真正的优秀者，给予一定的褒扬，这样就会起到更大的激励作用，这种实行公开、隆重的奖励有它自身的两大优势：① 便于监督，从而抑制奖励过程中的不公正现象，增强奖励的公正性和合理性；② 使奖励的榜样具有更好、更广泛的示范效应，把对"点"的激励扩大为对"面"的激励。针对在校大学生创新创业，高校不但要在政策上给予一定的支持，还要在创业启动资金以及相关的设施和场地上给予一定的支持，这样才能切实减小大学生创新创业的压力和困难，更加坚定他们创新创业的信心。在大学生创新创业活动中，要认真深入地对学生主体的需要类型、动机及追求特点等进行准确分析，然后综合有效地运用各种激励方法，有针对性地采取激励手段，使创新创业教育工作更加有效。

第五，保持激励过程的及时性、持续性。站在心理学的视角，在激励过程中，一个良好的信息沟通渠道非常重要，激励信息要及时、明确、连续地传送到需要获得者的手里。在平时的活动中，学生参加创新创业活动所取得的成果，应获得相应的创新创业学分，而学校对此学分的认定程序应该流畅，而且应该及时，只有这样才能有效激励学生。

四、高校创新创业人才培养的侧重点

国家发展的核心在创新，而创新以人才为支撑，人才是一个国家发展并在国际大环境中保持竞争力的最重要战略储备。为适应经济社会发展和国际竞争不断增强对创新创业人才的需要，国家对创新创业人才培养提出了新要求。

政策性文件在给创新创业教育及人才培养指明方向的同时，也对创新创业人才培养提出了新的要求和期待。创新创业教育不是只针对少数有创办企业潜质的学生开展的技能性教育，更是面向全体青年学生的综合性素质教育，客观而准确地把握创新创业教育过程中青年学生的个体和群体需求，是正确而科学地对其进行个体化、精细化教育引导的前提和基础。

（一）创新创业人才培养侧重点的理论依据

创新创业教育的主体是现实的和具体的人，关注的是受教育者在学习和实践过程中个体化和精细化需求。

第一，新时代创新创业教育是现代青年思想的重要内容。增强青年创新创业本领，优化创新创业环境，推动青年投身创业实践，促进青年的全面发展和人的价值实现。全面发展包含完整发展、和谐发展、多方面发展和自由发展四个层面的内涵，既关注发展的完整性、统一性，也追求发展的自主性和独特性。创新创业教育培养人的创新精神、创业意识和创新创业能力，不仅满足了人在各个阶段所需素质的完整发展和协调发展，也强调调整自身，借由这些素质达到自身多方面发展和个性化发展。

第二，符合因材施教的教育思想。承认学生的个体差异，按照不同学生的实际情况进行有的放矢的教育，让全体学生能够获得最佳的发展。

第三，社会认知生涯理论认为影响人职业选择和生涯发展的是"核心认知变量、个人特质与环境因素"。兴趣是起点，行动与反馈是驱动力。不同个体在认知、心理倾向和内外部环境等方面无法达到同质、统一，创新创业教育应满足创新精神、创业意识和创新创业能力培养的基本目标，进而利用个体在生涯发展过程中的差异化需求，满足一般发展和特殊化发展的需要。

（二）创新创业人才培养侧重点的具体确立

在创新创业教育领域中，要继续深入推进创新创业教育改革，提高人才培养质量，健全人才培养结构机制，努力培养学生的创新精神、创业意识和创新创业能力，适应经济社会和国家发展战略需要，从而实现创新驱动的可持续经济增长与产业结构升级。

为了契合时代要求，创新创业教育的受众是全体学生，应自始至终地贯穿于人才培养的全过程。既然创新创业教育是我国教育体系下为青年学生终身可持续发展奠定坚实基础的综合性素质教育，那么在面向全体的同时，也要注意他们在专业领域和个体素质上的差异，即他们在创新精神、创业意识和创新创业能力的训练中有着个体化需求。因此，为契合新时代要求，创新创业人才培养应确立三个侧重点：（1）侧重培养学生，支持其终身可持续发展，获得能适应时代要求的关键能力；（2）侧重面向全体、贯穿始终，是正式的普及教育而不是精英教育；（3）侧重突出学生存在个体差异性，以需求为导向的创新型人才需要个体化、精细化的培养。

五、高校创新创业人才培养的实施策略

（一）制定创新创业人才培养目标

第一，定性要求与定量要求相结合。定性要求是指要坚持社会主义办学方向，力求实现需求导向的创新创业教育、创新创业人才培养供给侧和市场需求侧结构的融合，构建互补、共享、合作的创新创业教育体系。定量要求指结合学生兴趣、潜质、专业、内外环境和生涯规划等要素，在创新精神、创业意识和创新创业能力的培养过程中设置量化指标，切实提高人才培养目标达成度、社会适应度、条件保障度、质保有效度和结果满意度。

第二，质量标准与差异拓展相结合。创新创业人才培养应在面向全体学生的同时，关注学生的过程性、发展性和差异性需求。对各个专业的学生在创新精神、创业意识和创新创业能力上提出基础性要求，保证基本的培养质量；根据学生的兴趣和潜质，结合学科和专业特点，拓展学生在创新精神、创业意识和创新创业能力上的延伸空间，做到梯次有序。

第三，内涵式发展和前瞻性发展相结合。内涵式发展要求面向全体，针对不同层次、不同类别的学生提供循序渐进的创新创业教育；融合创新创业、就业和生涯发展规划网络，充分发挥创新创业教育活力，培养符合国家和社会要求的创新型、复合型人才。前瞻性发展要求提高创新创业人才培养能力，推动创新创业人才培养的纵深发展；结合时代发展要求和世界格局变化，加强统筹谋划，继续增强交流与合作力度，构建创新创业教育对外开放新格局。

（二）丰富创新创业人才培养模式

1. 创设创新创业教育的良好氛围

在培养学生过程中应力求达到普及性，将创新精神和创业意识根植于学生心中，成为学生发展过程中的内在需求。重视"朋辈"作用，发挥"朋辈"影响力，以身边的榜样引领大学生创新创业。学生社团是"朋辈"的集中体现，不同的个体因为同样的兴趣

爱好聚合到一起，共同开展活动，满足个体需求。因此，在创新创业氛围建设方面，应扶持和引导创新创业型社团，让其成为创新创业教育的重点，打造多渠道、持续性的创新创业成果展示平台。根据学生的学习习惯和网络渠道的流量黏性，线上与线下相结合，移动化、便携化、数据化地展示创新创业成果。构建创新创业深度交流体系。打通创新创业论坛、系列讲座、青春创新创业基地等创新创业赛事等媒介，让学生在交流中"实现优势互补、互相促进、共同成长"。打造创新创业氛围，有效扩大创新创业活动的影响力度与宣传广度，从根本上调动学生的参与性和积极性。

2. 革新创新创业教育的课程结构

（1）面向全体学生开设通识类创新创业基础课程。让学生对创新创业有清晰完整的认识，培养学生的创新精神和创业意识；让学生主动习得，提高自身人力资本价值。

（2）面向有意愿参与创新创业活动的学生开设创新创业知识与能力优化课程。此类课程宜建设教学案例库，从真实案例入手，结合学生兴趣、潜能等个人特质，锻炼其创新创业领域选择、结构合理和能力互补的核心团队组建、商业模式设计、市场领域的调研与测试等分项能力。

（3）面向已经参与创新创业活动的学生开设创新创业实训类课程。在创新创业知识与能力优化课程基础上，将学生已经在进行中的创新创业活动设置为专门案例，提供全程性、过程化、专门性的培训与指导。

（4）打通创新创业教育与以生涯规划课程为代表的就业教育和以学科类专业课程为代表的专业教育壁垒，实现创新创业教育、就业教育和专业教育融合。专业教育教授学生专业知识和技能，提高学生就业能力；就业教育引导学生探索内外部特质上的差异，是创新创业教育的子集；创新创业教育培养学生的创新精神、创业意识和创新创业能力，提高人力资本价值。融合三种教育，可以让学生的创新精神、创业意识和创新创业能力在不同的课程中转化、共享。

3. 构建创新创业教育的育人体系

创新创业教育的最高价值是把人才的创新精神、创业意识和创新创业能力最终转化为成果，实现内部教研和外部需求均衡发展。分层、聚类地做好平台建设，可以保障创新创业教育理论与实践、指导与服务的一体化建设。

（1）建设宣传平台。通过线上线下聚合、持续的宣传，吸引学生、教师、企业、科研机构、社会组织等加入创新创业教育体系，对接供需，促进资源的转化和共享，有效提升创新创业的吸引力凝聚力，扩大创新创业教育的覆盖面。

（2）建设创新创业活动训练平台。依托"挑战杯""创青春""互联网＋"和其他与专业学科紧密结合的创新创业类赛事和活动,打造仿真的虚拟环境,发挥学生主体作用,引导其形成异质化的团队,强化创新创业能力训练和必备素质的培养。

（3）建设项目协同平台。依托创新创业项目,吸引目标群体和受众,形成国家、高校和企业共同参与的"需求—研发—培养"联动式格局,构建"合作—交流—推广"的链条式协同机制。

（4）建设创新创业和就业集聚平台。按照人才、岗位的需求信息,可以分层、聚类地将人才按要素进行量化和指标化统计；统计得出的数据可以反哺创新创业、就业和专业教育,动态化、科学化地调整人才培养路径,提高人才培养质量。

第三节　创新人才培养下的教育管理

高校教育管理工作应基于创新人才培养为教育目标开展教育活动。完善的高校教育管理体制,能够有效整合各项教育资源,发挥教育资源的最大优势,提升高校教育实践活动的效果。因此,高校应结合新时代创新人才培养的背景与教育管理工作实际情况,积极地创新、探索教育管理的新措施、新思路,保障高校教育质量水平的提升,促进社会创新型人才的培养。

一、创新人才培养下教育管理实施的意义

"作为创新型人才培养基地,高校要主动应对新时代教育管理工作存在的挑战,以创新型人才为中心,全方位对教育管理工作进行优化提升,为高校的质量发展保驾护航。"[1] 基于此,提升高校教育管理水平有着重要的意义。

首先,有助于营造良好的创新环境。衡量科学技术的创新程度能力最重要的指标是创新机制的完善程度。在高校教育管理开展工作中,引进创新型人才,对教育管理进行优化,能够完善高校的创新机制,为高校的可持续发展营造良好环境。

其次,有助于提高人才培养质量。对于高校来说,最主要的教学目的是为国家培育综合素质过硬的优秀型、创新型人才。在高校教育管理开展优化创新工作中,新颖、高效、科学的创新管理工作能够使学生置身于浓厚的学习氛围中,为学生创新意识与能力的增强奠定良好基础,从而促进高校的创新型人才培养。

最后,有利于提升高校的综合实力。在高校的综合测评中,创新能力是一项比较重

---

[1]　朱玥霖.创新人才培养视域下高校教育管理开展路径研究[J].科教导刊,2022（24）：23.

要的内容。在高校教育管理工作的开展中，有效整合教育资源，发挥资源优势，在管理、教学、科研等方面全面提升创新能力，能有效提升高校的综合实力，促进教育管理效率与教学水平的提高。

总而言之，高校教育管理开展创新工作为高校的发展提供了新的路径，在人才培养、科研创新等方面能够获得更大的动能。

二、创新人才培养下教育管理实施的路径

（一）树立以生为本的管理理念

教师不仅是高校教育管理工作开展的参与主体，也是创新人才培养的重要参与者。但由于受到传统教育理念的影响，部分高校教育管理者教育理念存在偏颇，会对创新人才培养带来一定的影响。因此，高校在进行教育管理工作时，一要坚持"以生为本"的教育理念，将创新人才培养视为教育管理工作首要目标，为学生提供高质量的教育服务；二要秉持全面发展的育人理念，在注重学生知识与技能水平提升的同时，还需要多措并举帮助学生德智体美劳各方面均衡发展，从而实现学生综合能力与素养的全面发展；三要保持开放性的教育管理理念，始终让教育活动、科研活动保持对外开放，不断地革新、提升和优化。在创新人才培养视域下，高校教育管理理念的应用还有很多，如弹性管理、绿色生态管理、和谐管理、法治化管理等。高校要不断学习先进性的教育管理理念，为高质量、高效率开展教育管理工作提供指导。

（二）构建新型的教育管理模式

在创新人才培养视域下，高质量的教育管理方法能够为高校可持续发展增添更多活力。但是，在当前高校教育管理工作中，由于缺乏因时而变、机动灵活的教育能力，一些陈旧的管理方式仍在应用，不仅不能满足高校创新型人才培养的需求，更对高校教育管理工作的高效开展带来了桎梏。因此，高校要积极构建与新时代相适应的教育管理模式。

首先，教师要充分认识到教育管理工作的本质，引导学生积极参与教育管理工作，给予学生更多实践机会和一些管理权限来培养学生的管理能力和创新能力。例如，在学校社团建设、文艺活动等事务中，教育管理者要主动放手、敢于放手，实现学生自我管理、自我服务的教育管理目标，激发学生的责任感，更好地满足学生的需求。

其次，教育管理者要引入信息化、智能化教育管理方式，应用有效的新技术管理方式为教育管理工作的开展提供技术支持。与此同时，高校管理者还要积极听取其他教师的建设性意见，协同促进教育管理工作质量持续性提升。

最后，高校教育管理者要针对教育管理情况的变化，及时优化、革新教育管理制度，使其适应高校发展需求，为教育管理工作的顺利开展奠定良好基石。总而言之，高校教育管理形式正在发生变化，教育管理方式也应当随之改变，时刻保持创新性、先进性和动态性，为教育管理工作高效开展奠定基础。

（三）优化高校教育管理制度

不断优化和完高校教育善管理制度是提高教育管理工作质量的有效方式，有助于实现高校创新人才培养的教育目标。一要完善高校教学管理制度，规范课堂教学秩序，提高课堂教学管理水平；二要优化高校学籍、档案、测试等制度，并借鉴先进的管理经验对管理制度进行不断完善；三要摒弃传统的评价机制，创新优化新时代高校教育评价机制。在传统的高校教育评价中，始终将学生的理论知识放在首位，对学生的实践能力培养不够重视。在创新人才培养的背景下，高校除了对学生文化知识进行评价外，还要对学生的应用能力、创新能力、思考能力等多个方面进行评价，多元化的教学评价方式有助于学生创新能力和综合素养的培养，从而促进高校教育管理工作的顺利开展。

对于大学生而言，要积极参与高校实践活动，不断提高自己的实践能力，积极向创新型人才靠拢。对于高校教育管理者而言，必须要树立正确的教育管理理念，重视教育管理模式的创新，不断优化完善高校教育管理制度，构建教育管理新模式以及强化自身的专业知识和管理技能，促进创新人才培养工作的有效开展，为院校的高速发展奠定良好的基础。

第六章　高校教育教学质量管理

第一节　高校教育教学质量管理体系

一、高校教育质量保障体系分析

高校教育质量保障体系包括教育质量保障机构，由它制定的各种评估模式与各种各样的评估指标体系，以及所开展的一系列质量保障活动，必须有一套相关的政策和法律作为实施的保证，它的中心目的是在高等教育规模发展的同时，促进各类高等教育的教育质量达到相应的水平并不断提高。高校教育质量保障体系通过对高等学校进行质量审计与评估，以激励和帮助各高等学校提高教育质量。高校教育质量保障活动以高等学校的自我评价为基础，由高校教育质量保障机构按需要组织同行专家对各所高等学校的教育质量或课程建设进行质量审计与评估，在国家未来发展中具有无可替代的重大特殊作用，是高等教育改革的一个重要组成部分。

教育质量保障机构工作是为了激励高等学校不断地为提高教育质量而努力，帮助其有效地提高办学质量，它也有让社会公众真实地了解高等学校办学质量的责任。高校教育质量保障体系一般可分为外部保障体系和学校内部保障体系。外部保障体系的机构通常是全国性或地区性的专门机构，其组成成员包括高等教育界及其相关的外界专家和权威人士，这些机构的主要任务是领导、组织、实施、协调高等教育质量鉴定活动，并指导和监督高等学校内部的质量保障活动；内部保障体系的机构负责高等学校内部的质量保障活动。高校教育质量的外部和内部保障体系两者结合起来共同履行高等教育质量保障的功能。要进行教育质量的鉴定或监督各高等学校的教育质量，就必须制定和不断修订、完善一整套进行评估的质量保障指标体系，或者称为评价或评估指标体系，以便进行实践操作。

（一）高校教育质量保障体系的要素

质量保障体系是由相互联系和相互作用的、具有特定功能的若干要素结合而成的有机整体。质量保障体系每一个要素的质量是整体质量的基础，整体质量又依赖于每个要素的质量水平。当高质量的要素通过优越的机制作用形成优化结构时，也就形成了高等教育的整体质量，这些要素主要包括保障目标、保障主体、保障客体、保障方法及保障实施载体，目标、学生、高校、老师、教学方式、教学资源、评估中介、支持服务、社会、经费是其具体表现，这些要素构成高校教育质量保障体系的内部质量保障体系与外部质量保障体系。

1. 保障目标

高校教育质量保障的目标是保障与提高高等教育质量，使高等教育满足国家与社会大众对高等教育质量越来越高的需求。"高等教育质量的内涵与高等教育质量保障体系的组成决定了高等教育质量保障体系的保障目标应该定位于通过指导、监督、调控高等学校人才培养、科学研究、社会服务等工作的开展，促使高等教育最大程度地满足国家政治、经济、文化、科技等方面的需求，并把高等教育对社会经济发展、文化繁荣、科技进步等所做的贡献作为衡量的指标。"[1] 高校教育质量保障体系的有效性主要看保障目标的达标程度，当各项工作的活动结果满足或超越既定目标时，这个保障体系就是有效的。保障目标主要表现为以下形式：

（1）官方目标。官方目标是国家教育行政部门关于学校任务的一种正式陈述，具有规定性的特点。例如，我国的教育目的就是各级各类学校总的培养目标，国家为各级各类学校规定的具体培养目标，这些官方目标对学校管理工作起规范、控制作用。

（2）实施目标。实施目标是学校将国家所规定的官方目标结合本校具体情况，付诸实施过程中所要达到的工作目标，是学校所认可的真实意向与任务，具有实践性的特点，对学校工作有直接的指引和激励作用。

（3）操作目标。操作目标是学校完成学校工作任务的具体指标，往往带有明确的评价标准与评估程序，具有质、量的双重规定性和可操作性的特点，对学校工作具有评估、反馈和调控作用。明确保障目标，构建多层次的保障目标体系，是衡量高校教育质量保障体系有效性的重要指标。

2. 保障主体

高教育质量的保障主体是高校和社会，包括各部委、各行业部门、高等教育行政管

---

① 雷炜. 高等教育质量保障体系研究：以浙江省为例 [M]. 杭州：浙江工商大学出版社，2020：20.

理部门、专业评价委员会、高等学校、社会评价机构、企事业单位等。多元保障主体相互配合、协调共进、形成合力、共同保障，有利于创造良好的保障环境，切实发挥高等教育质量保障体系的功效。

高校教育质量保障体系的保障主体呈现多元化，高校与社会作为保障主体相互分工与协调，共同参与高校教育质量保障。高校保障主体在整个高等教育质量保障体系中处于基础地位，必须充分重视高等教育机构的自我评估和改进。高等教育是一种发生在高校内部的专业活动，其主体是学术人员、高校及其成员，改进与提高质量的动机是内在的。

作为其他保障主体的社会的保障活动，即外部评估，其作用应该是为高校自我改进与提高提供持续、稳定的支持，使高校及其成员能够在一个良好的制度环境中关注其专业活动的质量。作为高校教育质量保障体系的构成要素，高校的自我评估经济有效，能增加被评估单位的主人翁意识和责任感，提高评估后质量改进的可能性。在高等教育质量保障中，只有高校教师认为质量保障活动是其分内事，整个活动才可能成功。因此，高校积极主动地建立自我保障体系，是保护学术自由、院校自治，以及是向外界证明其质量与效率的一种有效手段。对高校而言，自我评估是日常的一项质量保障环节。正是通过不断的、形成性的自我检查和反省，才能使保障体系运行起来，从而有效地促进教育质量的提高。

各校均应设内部质量保障体系，特别是在专业的规划、审批、保障和审查等重要环节上把住质量和标准关。多数学校既实行经常性的保障，又对各专业实行周期性的审查；部分学校还聘请校外督察员和学术审查员，他们都是来自其他学校或相关领域的学术专家。校外督察员的主要任务是对学生是否达到学校的学业标准进行动态的评估，检查学校在给予学生成绩和学位时是否严格依据学校订立的标准，对学生的评价是否有效和公平；学术审查员每隔一定年限对大学进行一次总体的审查，确认该大学的办学标准是否保持在合适的水平。对高等校育质量的外部评估，侧重于院校审核，即对院校内部质量保障体系及其运行情况的监督与检查，以突出高校自我质量保障的基础作用。

高校教育质量保障体系中的另一保障主体——社会，在高等教育质量保障中日益发挥重要的作用。社会通过直接参与学校管理，组织质量评价等评估活动将社会对人才培养的要求、高校毕业生的就业状况及其他有关信息直接反馈给高校，使高校及时了解、关心社会对人才培养提出的要求，保障高等教育质量沿着社会需要的方向发展。

3. 保障客体

高校教育质量保障体系保障的是高等教育质量，由于高校教育质量是一个很复杂的概念，具有丰富的内涵，涉及学校、专业、课程、教师、学生、教学活动等高等教育所有的主要职责与活动。在实际操作中，人们把与高等教育质量有关的因素都放到一起作为保障客体加以保障，高等教育质量主要体现在高等教育实施机构的人才培养、科学研究、社会服务等活动过程中。高等学校是高等教育的主要实施机构，所以高等学校的人才培养、科学研究、社会服务等活动过程及其结果是高等教育质量保障的客体。

4. 保障方法

保障方法是指高校教育质量保障主体为促使客体达到保障目标而对其所采用的手段与措施，即解决"如何保障"的问题。高校教育质量保障方法主要有投入支持、立法约束、政策导向、制度传导、评价监督、信息反馈、激励惩戒、舆论影响等。各保障方法的有效运用和科学实施是保证高校教育质量保障活动发挥作用和实现目标的基础与前提，核心问题是方法和指标问题。对于保障方法问题，学校担心的是外部干预影响学校的价值目标。关于保障指标、方法与技术，目前用得最多的是绩效指标，它是定量测量的工具，但高等教育质量评价需要更复杂的方法，因为整个高等教育的过程并不是全部可以采用定量测量的方法进行测量的。定性与定量相结合，多种多样，因地制宜才能更好地保障高等教育质量。

5. 保障实施载体

保障实施载体是指能够在系统各要素之间运载有用物质，保障系统"能源供给"、保障系统有序运行的物质——信息。信息是任何系统有效运行的根本保证，是系统构成的最基本要素。信息的交流使系统其他构成要素有机地联系起来，共同影响系统的运行状态与运行结果。高校教育质量保障体系当然也不例外，信息同样是其各要素相互联系、相互影响的桥梁与纽带，支持着整个保障体系的运行。通过信息的交流，保障主体不断改进、创新、选择和运用恰当的保障方法，保障与促进客体朝着既定的目标发展，最终实现目标、满足愿望。

（二）高校教育质量保障体系的评价方法

1. 评估法

评估是一种评价。它的结果表现为一种等级，或为数字（百分比或者范围更小的等级，如 1～4），或为字符（如 A—F），或为描述性语言（优秀、良好、满意和不满意）。评估本身并不包含质量改善的目的，而这对一个院校的发展是必要的，评估更容易走向量化评价而不是质性评价。

2. 认证法

认证是一个合法负责的机构或者协会对学校、学院、大学或者专业学习项目（课程）是否达到某既定资源和教育标准的公共性认定，认证通过启动性和阶段性的评估得以进行。认证过程的宗旨是提供一个公认的、对教育机构或者项目质量的专业评估，并且促进这些机构和项目不断地改进和提升质量。认证用来评价院校是否符合一定的称号或者达到一定的地位，这种称号或地位对于机构本身或者学生有特定的意义，如机构获得办学许可或有资格取得外部资助，学生有资格取得资助或者得到专业学位等。

认证的双重目的是质量评估和质量改善。认证在考虑输入的同时也重视结果，认证的结果一般表述为是或者否，但有时可以用等级分来确定结果。因此，评估和认证都有可能产生一串数字的分数。认证有时也被称为注册或者批准，一个通过认证的高等教育机构或者项目的特征是有高等教育界认可的明确目标，具有实现目标的财力、人力和物力资源，显示出正在实现这些目标。

3. 审核法

审核是完成上述的评估、认证后的最后一部分，是指在一定的质量观视角下对高等教育质量进行最终评价的步骤。审核的主管部门应该是教育行政部门或者第三方评价机构，审核的部分包括对于高等教育质量认证与评价结果的功能。高等教育的质量审核过程的意义在于，不仅仅是高校教育质量保障的最终屏障，更是高校教育质量保障体系建设的纠偏机制。因此，高等教育质量的审核需要坚持公平与公正的原则，通过设立的标准进行实地考察。同时，高等教育质量的审核应建立动态的审核机制，贯穿高校教育质量保障体系建设的整个过程。

（三）高校教育质量保障体系的功能

高校教育质量保障体系的功能问题是高校教育质量保障体系研究的基本理论问题之一，高校教育质量保障体系的内涵决定高校教育质量保障体系具有以下方面的功能：

1. 鉴定功能

高校教育质量保障体系建立起来后，高等教育管理者就可以根据质量保障体系确立的标准与目标，对高等教育质量进行评鉴，从而判断高等学校培养的人才质量是否达到预定的最低标准，起到鉴定高等教育质量是否达标的作用。

2. 监督功能

教育管理部门可以通过高等学校自身或外部评审专家的质量评审报告，了解高等学校的日常教育教学活动的质量状况，形成的评审报告要向社会公布，社会各界可根据学校的质量状况对学校做出一定的判断，并有可能采取相应的对策，进而起到监督的作用。外界对高等学校质量状况的了解和认识，学校在社会中的形象，对于学校在教育资源上的竞争力乃至于学校的生存将发挥重要的作用。高等学校应重视自身教育质量的提高，重视各种类型的教育质量保障活动，使学校自觉地处于社会监督之下。高等学校内部也可以通过制度化的教育质量保障体系监督学校的日常教育教学活动，确保学校的各项教育工作按预定计划进行，一步一步达成学校教育质量目标。

3. 导向功能

高等学校可以通过高校教育质量保障体系及时了解社会对高等教育结构的需求、期望以及基本评价，发现自身在满足社会需要方面存在的优点与不足，发现本校与其他学校的差距，进而引导学校明确自己的发展方向，引导学校的教育教学活动和发展目标。

4. 激励功能

高等学校通过高校教育质量保障体系对自身有一个正确的评估，对学校的生存和发展进行反思，增强学校对学生和社会的责任感，增强学校的质量意识和效益意识。学校教育教学质量评估报告的公开，促使学校关注其社会声誉，激励高等学校不断进取、不断提高教育质量，更努力地搞好教学、科研和社会服务工作。

二、高校教学质量监控管理体系

学校开展的各项教学活动是教学质量的一种动态体现，是学生在教师的引导下，系统学习科学文化基础知识和基本技能，确立科学的世界观、人生观和价值观，发展智力和体力，提高学生全面素质的过程。因此，对整个教学过程实施质量监控管理，确保教学过程各个环节的有效运转，真正做到按教学自身发展的规律组织教学，运用科学的方法管理教学，调动全体师生在教与学当中的积极性、创造性，实现教育管理科学化、民主化、现代化。通过监控体系的建立与实施，不断提高高等学校的教学质量。

高校教学质量的主要影响因素分为硬件与软件两方面，硬件方面主要是教学设施，软件方面有生源质量、教师的教学水平、学生的学习水平、校风、教育管理水平等。教学质量管理在学校现有办学条件下起着非常重要的作用，其重点是对教学的全过程进行有效的教学质量监控。在新形势下，采取一系列措施再造与重构教学质量监控过程管理体系并付诸实践，对于全面提高教学质量起着关键的作用。

（一）高校教学质量监控管理遵循的原则

坚持以教学质量为生命线和以学生为本的指导思想，重视教学各环节的教学质量，使教学质量监控与保障体系运行始终围绕高素质创新人才的培养，采用的基本原则包含以下方面：

第一，目标原则。教学质量监控与保障的目的是保证完成教学任务，实现培养目标，其任务就是发现偏离于计划目标的误差，并采取有效的措施纠正发生的偏差，从而确保教学任务与培养目标的实现。

第二，全员性原则。教学质量离不开全体师生员工的共同努力，人人都是质量监控与保障系统中的一员，其中学生是主体，教师是主导，系（部）、教研室是基础，职能部门是核心，院系领导是保证。

第三，系统性原则。教学质量涉及教师、学生、教学设施等多方面，与学院办学定位、培养目标和管理等密切相关，是一个系统共同作用的结果。由学院、职能部门、系（部）、教研室和学生班级等构成的一个多层次、纵横交叉的网络，是一个完整的教育管理系统。

第四，全程性原则。教学质量主要是在教学实施过程中形成的，质量监控与保障系统应对教学的全过程进行监控，要做到事先监控准备过程，事中监控实施过程，事后监控整改过程。

（二）高校教学质量监控管理的保障体系

构建教学质量监控管理体系，重点是建立和完善科学、合理、易于操作的高校本科教育管理研究进展、指标体系与相应的奖惩制度。通过教学质量的动态管理，促进学院合理、高效地利用各种资源，保证教学工作的正常运行，全面提升学院教学质量，保障措施包含以下方面：

首先，组织保障。确保教学质量保障与监控体系的正常运行，充分发挥全员性原则，建立校院两级组织机构，形成"专兼并举，主辅结合"的管理队伍，形成管理合力。

其次，制度保障。使各项教育管理工作制度化、科学化、规范化和现代化，保证教学工作有序进行与教学质量不断提高，系统地建立一套较为完整的管理规范体系，使整个教学活动有章可循、规范有序。

最后，经费保障。促进教学质量不断提高，在教学设施建设、专业建设、课程建设、师资队伍激励等方面按照建设与发展要求，给予经费支持。

教学质量监控管理体系的功能具体如下：

第一，教学质量决策系统。教学质量决策系统由主管教学校长负责的教育教学建设委员会组成，通过教育教学建设委员会等组织开展教学决策活动，负责对教学工作进行宏观指导与管理，审定各教学环节的质量标准，协助协调各院（系）、职能部门按照既定的发展定位、办学理念和人才培养目标，制订教育教学改革与发展规划和条件建设计划。

第二，教学质量实施系统。教学质量实施系统由教学副院长（主任）负责的教学质量保证系统组成，负责落实学院（系）教学工作的中心地位、落实授课教师教学任务、推进教学内容与课程体系改革，以及做好专业、课程、教材、现代化教学手段建设等工作；配合学院（系）完成对各教学环节教学工作的状态监控和质量评估。

第三，教学质量监控系统。教学质量监控系统由学院（系）一把手负责的院级领导小组组成，通过制定一系列规章制度，激励广大教师开展教学工作，负责组织学院（系）教育教学建设委员会委员、教学督导专家、管理人员及学院（系）聘请的其他人员，对教学工作各个环节进行质量巡查，开展教学工作状态监控，实施质量评估。

第四，教学质量信息收集系统。教学质量信息收集系统由院（部、系）教学副院长（主任）负责的教学质量信息收集系统组成，包括教师评学、学生评教。通过各种方式，广泛收集各级各类人员和学生对教师课堂教学效果的评价意见，对教风学风建设、教学改革的有关建议，对实践教学环节，尤其是对毕业论文（设计）的意见和建议等进行汇总、处理，及时反馈给相关学院、授课教师、学生班级和学生管理部门等。

第五，教学质量信息反馈系统。教学质量信息反馈系统由院（部、系）教学副院长（主任）负责反馈教学状态及质量测评结果，信息及时到位，责任到人，发现问题限期整改。通过教学检查、质量抽查或其他渠道获取的教学信息，通过文件、报告、简报或校内媒体等方式及时发布给有关教学单位和部门，召开教学信息反馈会，敦促教学问题尽快解决。

（三）高校教学质量监控管理的主要环节

第一，专业建设与课程建设。专业建设的主要监控点为人才培养目标，人才培养方案的制订、执行与调整，专业办学水平与特色，课程体系建设等方面；课程建设的质量监控主要从建设目标、实施计划、课程师资梯队、特色创建、改革成效等方面进行评价。

第二，教学大纲。教学大纲是进行教育管理、教师组织教学的主要依据。对教学计划、教学大纲实施情况的监控主要从课程安排情况、教学计划落实情况、实验课开设情况、实践环节的落实情况、教学大纲编写、教材选用、学生考试情况等方面进行评价。

第三，课堂教学。课堂教学是教学质量的核心环节，主要从课前准备、教学过程、课外作业与辅导、成绩考评等方面实施监控，包括备课是否充分、教案是否完整、教材是否恰当；讲授是否清晰、概念是否准确、内容是否更新、重点是否突出、是否启发思维、是否因材施教；课后作业与辅导是否到位；学生课程学习成绩考核是否科学、合理等。

第四，毕业设计。毕业设计监控主要从选题性质、难度、分量，开题、中期、答辩、综合训练度、指导教师资格与水平及精力投入，学生学习态度、实际能力、设计质量、规范度、基础理论与专业知识、学术水平等方面进行评价。

第五，教学效果。教学效果监控主要从讲授质量、教学方法运用、教学手段的使用，教书育人、因材施教、学生学习课程知识的情况，考核试题与评阅质量等方面进行过程监测和事后评价。

第六，教学改革。教学改革着重于教育管理、教学内容与课程体系、人才培养模式、实践教学、文化素质教育等方面的改革成效；侧重于教学内容的改革、教学方法与手段的创新、多媒体课件的开发，争取教改项目的积极性、推出教研成果、编写并出版高质量的教材或教学参考书等方面。

第二节　基于全面质量管理的教育教学质量管理

20 世纪 50 年代末，美国通用电气公司的费根堡姆和质量管理专家朱兰提出了"全面质量管理（TQM）"的概念。全面质量管理理论在很长的一段时间内作用于企业生产，改善了企业的生产环境和管理模式，促进了企业的生产和发展，推动了企业的建设。随着时代的发展，人们越来越重视对全面质量管理理论的研究工作，并将其广泛地应用到教育领域。

"在高等教育的教育质量管理中融入全面质量管理理论，需要将高校的教育工作视为一种多功能、多层次的系统，对与教育质量相关的要素进行全方位、系统性的分析，最终达到提升高等教育教学质量的目的，为国家培养更多优秀的人才。"[①] 全面质量管理理论遵循"三全"管理的原则，即全员、全过程、全方位，其中的全员是指高校中的所有工作人员，任何一个工作人员的工作质量都与高校的整体教学质量有着重要的关联。高校的领导要重视教学质量管理工作，高校各部门的工作人员也要积极加入质量管理工作中，做到质量管理人人有责，将高校所设定的教学目标真正落实到各个部门，并重视管理规范和责任制度的建立，切实提升各部门工作人员的工作质量。全面质量管理理论中的全过程，是指将高校的教育质量要求贯穿整个管理过程。例如，通过调查和研究明确哪些专业是社会所需要的，结合社会的实际情况制订招生计划，合理设计人才培养计划。学生进入高校后，高校教师要以入学教育为起点，将基础课程教学、专业课程教学以及实践教学贯穿高校教育的全过程，这些内容作为高校教育质量管理中的重要因素，会对高校的整体教学质量产生直接的影响。全面质量管理理论中的全方位，是指对高等教育各个方面的内容都要进行质量管理，包括教学的方式方法、教学工作评价、教学管理队伍建设以及教学管理制度建设等。

运用全面质量管理理论的同时，结合教学质量监控体系的特征，将监控体系分为教学质量目标标准、教学指挥决策、教学质量评价、教学质量系统反馈、教学质量支持保障等系统。这些系统各自有着不同的功能，但却能够组成相互制约、相互配合的整体，发挥着保障高等教育质量的功能，实现对高等教育教学质量的全面管理，能够切实提升

---

① 孙姗．全面质量管理理论在高等教育质量管理中的应用［J］．教育信息化论坛，2021（11）：59．

高等教育的教学质量。

第一，教学质量系统的设计。教学质量系统属于一种目的性十分明确的人工系统，该系统具备完整性、导向性、科学性、合理性的特征，有着较高的效率和效益，所形成的评价系统对于教学质量进行分解，对质量要素等级标准进行明确，最终形成教学质量体系。

第二，教学指挥决策系统的设计。高等教育教学工作系统完整且复杂，是教育教学组织管理和质量监控的核心所在。通过设计指挥决策系统，能够保障教学指令的贯彻落实，并提升管理效率。同时，通过指挥决策系统能够获取多方面的教学信息，从而对高等教育教学中存在的问题进行及时的解决。按照全面质量管理的全员、全过程、全方位的基本原则，将高等教育质量管理中的指挥决策系统划分为教学保障指挥系统和专家决策咨询系统两个方面。

第三，教学质量评价系统的设计。高等教育的教学质量受到教和学两个方面的影响。因此，这一综合性的评价标准很难确定，所以在制定教学评价方针时，应该结合评价的主客体从质量表现的各个要素进行评价，并做到定期评估，将质量评价系统的功能充分发挥出来，实现对各个教育教学环节的改善，提升整体的教学质量。

第四，教学质量信息反馈系统的设计。教学质量信息反馈系统具备信息的传递、收集和整理等功能。与此同时，该系统还具备收集反馈的重要功能，将源自不同对象和不同渠道的教学质量评价信息反馈给教学指挥决策单位，从而对教学质量相关部门的执行情况进行监控。质量信息反馈系统通过质量评估部门对相关有价值的信息进行收集，并将信息分布到高校中的各个院系和班级。一方面，通过定期调查或者座谈等方式对教学工作意见进行收集，在对收集到的信息进行分析和整理后，将其反馈给高校的指挥决策部门，为一些正确决策提供重要的信息参考；另一方面，收集毕业的学生和用人企业所提供的反馈信息，包括社会企业对于毕业学生能力的认可信息和毕业学生知识结构是否合理等信息，这些信息有利于高校对于人才培养模式的合理性和专业设置的科学性进行有效判断。

第五，教学质量保障系统的设计。想要切实提升高等教育教学质量，就需要加大资金的投入，无论是教学质量保障工作还是教学质量的监控工作都不可能凭空开展，必须给予相应的资金或财政支持。教学质量监控系统是教学质量管理的重点，其稳定运行需要多种因素的支持和保障，所以需要将构成该体系的内容设定为一个统一的系统，从而发挥出其在质量管理工作中的重要功能，具体可将其分为三个方面的内容：校内外的支持保障、信息技术的支持保障、教学科研的支持保障等。

首先，高校内部的支持保障是高等教育教学质量监控系统得以运行的重要因素，如校风、学习氛围、高校管理能力等。内部支持保障包括高校中的各个非教学部门，例如，人事、财务和后勤等部门。虽然这些部门与教学质量并无直接的关联，但它们的工作开展都是以教学为核心来进行的，具体的工作内容都与教学工作息息相关，在为高等教育教学提供服务的同时也起到了监控教学管理质量的作用。高校外部的支持保障具体是指外部的开放环境对于高等教育教学质量的影响。在社会和学校进行联动的过程中，高等教育教学质量必然会受到多种外部环境因素的影响，这种影响可能是间接的，也可能是直接的，影响因素具体包括以下内容：国家的相关政策法规、社会的价值取向、社会对高校的认可度、社会企业的人才需求等。高校应该积极与外部环境的各个方面进行定期的交流和沟通，从而及时地获取各方面的信息。

其次，信息技术的支持保障是指对信息技术的充分应用，将高校中的各个基层单位、部门、师生进行连接，将教学管理内容、师资管理内容、缴纳学费和成绩查询等方面内容都纳入高校的网络系统，在为高校管理带来便利的同时，也为学生们提供更加方便的查询平台，实现对高等教育教学质量的全过程监管。

最后，教学科研的支持保障。我国的高等教育正在进行深入的发展和变革，高校应建立一个教学科研支持保障系统，将学科研究的理论支持功能和管理服务作用充分发挥出来，打造一个专兼融合的学科研究团队，并将其分布到高校的各个部分，从而提升高校的整体学术氛围，为学科的建设发展、教育教学体系的建立以及教学方式方法的改进提供重要的引导。

总而言之，根据高等教育教学质量保证的相关要求，高校的教学逐步向着专业化的方向发展，而这种专业化发展又使其需要建立一个更好的教学质量保障制度。在建设教育体制的过程中，教学质量管理体系的建构与完善无论是在理论还是在实践方面都是一项艰巨而又长期的工作，需要有更多的力量参与到高等教育教学质量管理工作中。

第三节　教育教学质量管理的关键与创新

教育管理的目标，其作用在于保障各种教学理念、方法的有效性，保障人才培养目标的实现。在高校扩招、教育大众化的当下，高校积极挖掘教育资源、优化各种教学方法，均是为了保障各种教学手段、目标的有效实现，进而提升学生的就业能力和社会适应能力。

社会对高校毕业生提出了更多、更具体的要求，这要求高校要在准确、有效地利用自身资源的同时，创新性地开发、挖掘有用资源，提升教育教学质量。

一、教育教学质量管理的关键要素

（一）办学理念与人才培养方向

办学理念和方向，决定和体现了高校各自的办学侧重点、办学特色、专业优势。"高校只有建立科学、合理的总体办学理念和人才培养方向，才能为高校专业建设、教育改革奠定优质的发展基础，为教育管理工作提供准确、合理的导向。"[①] 例如，高校结合自身法律方面教育资源的优势，以法律专业为特色，全面实践现代办学理念、方法，并根据专业人才就业方向、行业要求制定合理的培养目标。

（二）教学大纲与专业培养方案

教学大纲、专业培养方案是对各专业教学进行的具体规划，是保障教学工作有效组织、进行的关键。高校明确办学理念后，各专业的教学需要有具体、合理的教学大纲为参照来开展具体的教学活动。只有深入考察各专业就职行业的具体用人需求、要求，才能制定出合理的教学大纲，将专业培养体系、教学内容和目标融合，并以此为基础制订管理方案，促进各专业课程合理调整内容、优化方法。而高校也需要根据各专业培养目标、课程内容的变化，从整体上修订教学大纲、调整专业培养方案。

（三）高校教育教学的主要方法

合理的教育管理方法，能促使教学方法最大限度地发挥教学效果，对提高各专业教学质量具有积极作用。部分高校设置了专门的研究项目，划拨了充足的经费，配置了合理的人员，以期通过研究帮助高校教师准确地优化教学方法和内容，强化各课程对学生思想品质、创新精神、实践能力等方面的培养。只有有效地应用各类教学方法，才能高效地落实专业方案、达成培养目标，提升人才的各项专业能力，这对其今后的升学、创业、求职、就业等十分关键。

（四）高校师资力量与专业考核

教师的综合素质、专业素养及各专业教师的梯队构成，是决定专业长期发展的重要因素。对教师能力的有效管理，能保证各专业健康、长足发展。维持高校特色、重点专业的优势，促进边缘、新兴专业快速发展，也是对学生学业负责。管理各专业师资队伍，需有针对性地招聘、培养各课程教师，打造出能力过关、素质优良、结构合理的教师梯队。

[①]　赵越. 高校教育教学质量管理的关键要素及创新思路［J］. 学园，2020，13（24）：69.

专业考核是衡量学生实际学习情况、判断教师教学问题的重要方法。教学考核涉及多个方面，考核参与人员多样，考核内容复杂、方法多样，只有建立合理、完善的考核体系，才能对学生的学业情况、教师教学情况进行有效评定。每个高校有不同的办学理念，每个专业有不同的培养目标，因此，高校需要结合各方面因素，以学生个体情况及发展为参考，制定出合理、具体的考核体系，对教学进行全过程、全方位的有效考核。

二、教育教学质量管理的创新思路

（一）规范教育教学质量管理的制度

第一，规范教学管理制度。以办学理念为引导，逐步健全管理细则、内容及管理约束机制，制定可操作性强、行之有效的管理规章制度。教学管理制度应涵盖具体管理细则及各教学组织间的管理制度，内容包括学习管理、考试管理、学业及学位管理、毕业管理等，与专业教学紧密相连，与具体的教学改革相连，并渗透专业培养的全过程。第二，应在健全质量管理制度的基础上，明确各管理岗位的职责，并制定科学合理的奖惩制度，以营造和谐的教学质量管理氛围，促进各项教学工作有序、健康开展。

（二）制定合理的教学管理组织方式、方法

教学管理组织的方式、方法是保证制度有效落实的前提。第一，需要在规范管理制度和管理手段的同时，提升管理的服务性质，打破传统的管理理念和方式，以教学需求为主导，对各部门、各层级齐抓共管，打破原有的管理限制，实现真正开放、协调、合理的综合管理，促进各部门更快捷、更有效的合作，逐渐改变教学管理的组织方式，并由内而外推动自身改变组织方法。第二，在明确职能的同时，对管理人员加强培训，提高其质量管理的理念、意识、管理水平。根据职能分工，做到权责一致、责任到人，形成良好的团队氛围，促使管理部门形成合力，从本质上改变管理组织的方式方法，逐步从垂直式管理向扁平式管理改变，推动管理部门更合理地考虑教学问题，更积极地从源头上研究、解决问题。

（三）建立科学、完善的监督体系与反馈机制

第一，设置明确、合理的质量目标及标准。明确具体的管理标准及管理流程，重视对各教学工作间衔接过程的质量控制，设置合理的标准，保证各教学环节围绕整体目标有效、协调地开展。同时，丰富管理形式、健全管理机制，通过合理设置形成性评价、终结性考核的考核指标及比重，在确保教学正常进行的同时，给予学生更积极的反馈。第二，应根据社会需要调整管理标准，与其他教学机构和社会单位积极联系，重视外界对教学和管理的评价，积极配合相关的教学检查、评估工作，让高校教学更开放、更健

康地生存与发展。第三，学校应健全信息化反馈的体系，构建多渠道、多主体、内容合理的反馈体系，积极、广泛地收集教师、学生和社会各界的教学反馈。同时集合专业培养目标分析、处理反馈建议，引导教师有效、准确地调整教学方案和方法。

（四）有针对性地提升高校教师能力

结合教学方法、内容的变化趋向，与教师合理沟通，引导教师找准教学重点和不足，推动其有针对性地调整教学方法、提升能力。第一，强化对各教学分解过程的监督、考核，制定一套完整、可行、合理的质量管理、服务体系。第二，强化教师的信息技术能力和专业实操能力，加强对实践教学、教师素质的监督、管理，并为教师提供与专业教授交流、沟通的途径，帮助其取长补短、提升教学水平。

第七章　高校教育教学信息化管理

第一节　高校教育中数字教学资源的管理

一、高校教育中数字教学资源的特征

与传统教学资源相比，数字教学资源在数量、结构、分布、传播范围、类型、载体形态、内涵、控制机制、传递手段等方面都有明显的差异，呈现出很多新的特征。

第一，处理数字化。处理数字化是指将声音、文本、图形、图像、动画、视频等信息经过转换器抽样量化，由模拟信号转换成数字信号。因为数字信号的复制、传输的可靠性远比模拟信号高，所以对它的压缩、解压、纠错处理也容易实现。

第二，显示多媒化。利用多媒体计算机技术可以存储、传输、处理多种媒体的学习资源，如声音、文本、图形、图像、动画等。这与传统的单纯用文字或图片处理信息资源的方式相比要更加丰富多彩。

第三，传输网络化。数字信息可以通过网络实现远距离传输。学习者只要通过一台能上网的计算机，便可以获取自己需要的信息资源。

第四，教学过程智能化。教学软件的专家系统提供了对教学过程中的信息资源使用的实时监控、数据采集、分析和帮助等机制。它能根据学生的不同特点选择最适当的教学内容和教学方法，并可对学生的学习特征进行有针对性的个别指导。它不仅能发现学生的错误，指出学生错误的根源，还能做出有针对性的辅导或提出学习建议。

数字化的教学资源具有数量大、类型多、多媒体、非规范、跨时间、跨地域、跨学科、多语种的特点，文本、数据、图形、声音和视频等均列其中，分布式存储成为数字化教学资源存在的主要形式。从整体看，数字化教学资源还处于一种无序状态，信息分布和构成缺乏结构、组织，信息资源发布具有很大的自由性和随意性，质量缺乏必要的控制。面对这些问题，我们更需要用"慧眼"去粗取精，去伪存真。

二、高校教育中数字教学资源的来源

数字化教学资源主要来源于以下三种：现有教学资源的数字化改造、师生共同创作数字化资源、由专业人员开发建设的资源。

（一）现有教学资源的数字化改造

在我国现存的教学资源中，除近年来开发的数字化教学资源外，大部分还是在多年教育教学实践中积淀的印刷品、音像制品等非数字化的教学资源。这些资源数量庞大，但其中不乏精品，即使在今天也仍有较高的教学价值。对这些教学资源进行数字化改造既有经济效益又有社会效益，在挽救一大批有教学价值资料的同时，对于节约有限的教育经费，缓解我国当前优秀教学资源的匮乏意义重大。

现有教学资源中，图片和文字材料可通过数字相机、数字扫描仪转化为可在计算机上加工、处理、传输的数字化教学资源，音像教材也可借助相关的设备和计算机应用软件进行数字化改造。随着数字技术的进步，传统的模拟设备将逐渐被取代，数字化音像资源在教学中的应用将越来越广泛。

（二）师生共同创作的数字化资源

师生共同创作的数字化资源是伴随着数字化教学或数字化学习而产生的一种新型的教学资源，它有以下三种基本类型：

第一，展示型作品。展示型作品通常是指学生作业的电子稿。教师可选择最优秀、最典型的学生电子作品将其发布，供其他同学观摩学习。

第二，师生交流作品集。师生交流作品集主要来源于教师与学生之间的相互交流。交流作品可以是师生就某一问题的讨论，也可以是教师对学生疑难问题的解答。

第三，教师对学生进行评价的作品集。教师对学生进行评价的作品集来源于教师对学生作品进行评价并给出分数等级的教学评价活动。

（三）专业人员开发建设的资源

由专业人员开发建设的资源是数字化教学资源的主要来源，其开发和建设一般经过以下过程：

第一，初期制作。采取购买、自行创建、网络共享等方式来获取所需的各类素材，按照某种标准对各种素材资源进行分类，并对每个素材的类别、格式等属性做出清晰描述。

第二，素材集成。经过初期制作的各种素材，在形式上还比较零散，教学功能也不完整，因而需要将各种零散的素材集成为完整的教学单元。创作人员应用多媒体集成软

件对文本、图形、图像、声音、动画及影像等素材进行集成编辑。目前可用于集成多媒体素材的软件有很多，比较常用的有 PowerPoint、Authorware、Flash 等。集成后的多媒体素材，教学功能较强，可直接应用于教学之中。

第三，内容标引。完成后的素材，还要经过专业人员对其进行标引。标引工作包括分析资源内容、给出主题、对资源设计关键字等标示，为资源检索提供方便。

第四，质量检查。检查的内容包括标引的正确性，图像、声音及视频质量，文件大小，格式等。

与传统的教学资源相比，基于计算机和网络的数字教学资源有其独特的优点。教学资源的类型多种多样，内容繁杂。传统的教学资源需要耗费大量的时间和精力来管理。而基于计算机技术，尤其是数据库技术的数字信息资源，在分类、存储、查询、输出时都可以做到有条不紊、高效优质。教学资源管理的高效性也为利用资源带来了方便和快捷。光盘和大容量硬盘的使用，让教学资源，尤其是教学素材的运用变得更加方便。网络技术的运用克服了地域上的局限，使教学资源的传输更加便捷。运用各种软件制作的动画、视频剪辑等数字化教学资源，可以使教学中动态、直观的信息的使用量增加，这些动态演示在可控性方面也得到了极大的改善。但是，网络上的数字教学资源也存在着一些问题。如网站地址的频繁变动，会造成信息链接的不稳定，信息内容保存时间短；信息资源发布有很大的自由度和随意性，缺乏必要的质量监控和管理机制；信息检索准确度不高等。

三、高校教育中数字教学资源的类型

可以从不同的角度对数字教学资源进行分类。依据多媒体对象的属性，可以分为文本、图形、图像、动画、声音、视频等类型；从教学资源的存储和传输的角度，可以分为计算机的本地资源、校园网内的学校内部资源、互联网的远程教学资源；从对教学资源应用的角度，可分为课件、教学网页、专题学习网站、教学素材库、积件五种类型。下面着重从应用的角度介绍对数字教学资源的分类。

第一，课件。课件主要是以制作的动画、图片及音视频片段为主。其作用是将难以实际观察或实地观察的事物、事件的过程通过以上手段表现出来。它是构成信息资源的基本要素之一。

第二，教学网页。"针对某一教学内容，将文本、图形、图像、动画、视频、音频等素材资源进行有机组合，制作成网页，将知识内容通过树型结构或网状结构的形式呈现给学生，进行教学活动。"①

第三，专题学习网站，指在互联网络环境下，围绕某一项或多项学习专题进行研究的资源学习型网站。专题学习网站提供了文本、图形、图像、动画、视频、音频等素材资源、网站链接、网络通信工具、多媒体课件以及相关的学科工具等。专题学习网站是学生获取信息、情境探究、协作交流、自我评测的认知工具，其作用是为学生的自主学习和协作学习创设有意义的学习情境。

第四，教学素材库。教学素材库提供的是教学中所需的文本、图形、图像、动画、视频、音频、简单课件等各种素材。该素材库中的素材并不直接用于教学，它通常结合软件平台来制作教学课件、教学网页或专题学习网站来供教学使用。教学素材库的作用是供教师根据自己对教材的理解，结合学生的实际，对素材进行编辑、组织后再应用于教学。

第五，积件。积件由积件库和组合平台构成，包括教学信息资源、教学信息处理策略与工作环境。积件库包括多媒体课件库、微教学单元库、虚拟积件资源库、资料呈现方式库、教与学策略库等。积件组合平台是供教师和学生用来组合以上各库资源，使其最终用于教学的软件环境。积件组合平台具有无需程序设计、方便组合各类多媒体资源，以及易学易用等特点。

四、高校教育中数字教学资源的格式

不论按照哪种方式对数字教学资源进行分类，数字教学资源的格式都非常容易区分。常见的数字教学资源格式有：可执行文件、文档格式、图像格式、音频格式、视频格式。

（一）可执行文件格式

可执行文件就是计算机可以直接运行的文件，文件名后缀为 exe、com、bat，双击文件直接运行。

（二）文档格式

doc 格式是用 Word 创建的文档；ppt 格式是用 PowerPoint 创建的幻灯片文档；xls 是用 Excel 创建的电子表格文档。

（三）图像格式

第一，bmp 格式是英文 Bitmap（位图）的简写，它是 Windows 操作系统中的标准图像文件格式。其特点是包含的图像信息较丰富，几乎不进行压缩，但占用磁盘空间过大。

第二，gif 格式是英文 Graphics Interchange Format（图形交换格式）的缩写。由

---

① 郭亦鹏. 高校教学管理信息化建设 [M]. 长春：吉林大学出版社，2016：62.

于其压缩比高、文件短小、下载速度快，故适合于网络传输。这种格式的图像颜色数目不超过 256 色，因此适用于对色彩数目要求不多的插图、剪贴画等场合。由于它可以将多张图像保存在同一文件中，按预定时间逐一显示而形成动画效果，因此在网页制作中被大量使用。

第三，jpeg 格式也是常见的一种图像格式。它由联合图像专家组（Joint Photographic Experts Group）开发，扩展名为 jpg 或 jpeg。它用有损压缩方式去除冗余的图像和彩色数据，在取得极高的压缩率的同时能展现十分丰富生动的图像。它还允许用不同的压缩比例对这种文件进行压缩，如最高可以把 1.37MB 的 bmp 位图文件压缩至 20.3KB。各类浏览器都支持 jpeg 格式。它的文件尺寸较小，下载速度快，使 Web 页可以在较短的时间提供大量美观的图像。jpeg 成为网络上最受欢迎的图像格式。

第四，jpeg2000 格式同样是由 jpeg 组织负责制定的。作为 jpeg 的升级版，其压缩率比 jpeg 高约 30%，同时支持有损和无损压缩。jpeg2000 的一个极其重要的特征在于它能实现渐进传输，即先传输图像的轮廓，然后逐步传输数据，不断提高图像质量，让图像由朦胧到清晰显示。jPEG2000 还支持所谓的"感兴趣区域"，即可以任意指定影像上自己感兴趣区域的压缩质量，还可以选择指定的部分先解压缩。jpeg2000 和 jpeg 相比优势明显，且向下兼容，因此有取代 jpeg 的趋势。

第五，tiff 格式（Tag Image File Format）是 Mac 中广泛使用的图像格式。它的特点是图像格式复杂，存贮信息多。它存储的图像细微层次的信息非常多，图像的质量也得以提高，因而非常有利于原稿的复制。目前在 Mac 和 PC 机上移植 tiff 文件也十分便捷，所以 tiff 现在也是使用较广泛的图像文件格式之一。另外，png 格式、psd 格式、swf 格式、svg 格式都是目前比较流行的图像格式。

（四）音频格式

第一，CD Audio 是一种非压缩音频格式，采用 44.1kHz 采样频率，16 位量化位数，是使用面最广、最普及的数字音频存储格式，是现阶段音质最好的音频格式之一，也是评价其他音频格式音质的标准。

第二，wav 格式是微软公司开发的一种声音文件格式，也叫波形声音文件，被 Windows 平台及其应用程序广泛支持。wav 格式支持许多压缩算法，支持多种音频位数、采样频率和声道，采用 44.1kHz 的采样频率，16 位量化位数，声音文件质量和 CD Audio 相差无几。但由于 wav 文件的体积很大，对存储空间需求太大，因此不便于交流和传播。

第三，MIDI 是 Musical Instrument Digital Interface 的缩写，又称乐器数字接口，是数字音乐／电子合成乐器的统一国际标准。在 MIDI 文件中存储的是一些指令，将这些指令发送给声卡，由声卡按照指令将声音合成出来。

第四，mP3 格式是采用 MPEG Audio Layer-3 标准对 wave 音频文件进行压缩而成的音频文件。具有 1：10～1：12 的高压缩率，音质较次于 CD 格式或 wav 格式的声音文件。相同长度的音乐文件，用 MP3 格式来存储，存储空间一般只有 wav 文件的 1/100。

第五，wmv 格式（Windows Media Audio）是 Windows 媒体音频压缩文件格式，是一种压缩的离散文件或流式文件。它以减少数据流量但保持音质的方法来达到更高的压缩率的目的，其压缩率一般可以达到 1：18，故压缩的数字音乐文件尺寸比 MP3 小了一半。它支持 Stream 流技术，可以边下载边收听。

第六，Real Audio 是由 Real Networks 公司推出的一种文件格式，它最大的特点就是可以实时传输音频信息，尤其是在网速较慢的情况下，仍然可以比较流畅地传送数据，因此 Real Audio 主要适用于网络上的在线播放。

（五）视频格式

第一，avi 格式是 Audio Video Interleaved（音频视频交错）的缩写。所谓"音频视频交错"，就是允许视频和音频交错在一起同步播放。由于没有限定压缩标准，不同压缩标准生成的 avi 文件必须使用相应的解压缩算法才能播放。它一般用于保存电影、电视等各种影像信息。这种格式的优点是调用方便，图像质量好，可以跨多个平台使用，但文件体积过大。

第二，mov 格式（QuickTime）是 Apple 公司开发的一种音频、视频文件格式。QuickTime 文件格式支持 25 位彩色，支持领先的集成压缩技术，能提供 150 多种视频效果，并配有提供了 200 多种 MIDI 兼容音响和设备的声音装置，新版的 QuickTime 进一步扩展了原有功能，包含了基于 Internet 应用的关键特性。QuickTime 因具有跨平台、存储空间小等特点，得到了广泛的应用，成为数字媒体软件技术领域事实上的工业标准。

第三，mpeg 是 Moving Picture Experts Group 的缩写。这类格式包括了 mpeg-1、mpeg-2 和 mpeg-4 在内的多种视频格式。mpeg-1 曾广泛地应用于 VCD 的制作和一些视频片段下载的网络应用上面。

第四，pm（Real Media）格式是 Real Networks 公司开发的一种新型流式视频文件格式，它共有三员大将：Real Audio，Real Video 和 Real Flash。Real Audio 用来传输接近 CD 音质的音频数据，Real Video 用来传输连续视频数据，而 Real Flash 则是 Real Networks 公司与 Macroinedia 公司合作推出的一种高压缩比的动画格式。Real Media 可以根据网络数据传输速率的不同制定不同的压缩比率，从而实现在低速率的广域网上进行影像数据的实时传送和实时播放。

第五，asf 格式（Advanced Streaming Format）格式是 Microsoft 公司推出的高级格式，也是一个在 Internet 上实时传播多媒体的技术标准。

第六，wmv 格式是一种独立于编码方式在 Internet 上实时传播多媒体的技术标准。它是一种可扩充和可伸缩的媒体类型，支持本地或网络回放，支持多语言，扩展性好。

五、高校教育中数字教学资源的获取

（一）数字教学资源获取的基本方法

不同类型的教学资源，获取的方法各不相同。

1. 文本素材获取

在实际应用中，文字输入主要采用人工录入 \ 使用手写汉字识别系统输入 \ 用扫描仪或语音识别系统进行输入等方式，然后用文字处理软件进行编辑整理。目前文字的输入还可利用文本抓取工具（如 Snagit），用它抓取的文字可以应用在任何 Windows 文字编辑器中进行编辑。

2. 图像素材获取

图像的采集主要有：用扫描仪扫描，用数码相机拍摄，用数字化仪输入，从屏幕、动画、视频中捕捉和用工具软件创作。

3. 音频素材获取

音频素材的获取有以下方式：

（1）通过计算机中的声卡，从麦克风中采集语音，同时生成 wav 文件。

（2）通过计算机声卡的 MIDI 接口，从带 MIDI 输出的乐器中采集音乐，形成 MIDI 文件。或用连接在计算机上的 MIDI 键盘创作音乐，形成 MIDI 文件。

（3）用软件合成或转换。使用专门的软件抓取 CD 或 VCD 光盘中的音乐，生成声源素材，再利用声音编辑软件对声源素材进行剪辑、合成，最终生成所需的声音文件；或通过软件将声音文件转换成所需格式。

4. 视频素材获取

常见的视频素材的采集是用视频捕捉卡配合相应的软件来采集录像带上的素材。录像带的使用在教学中比较普及，因此采用这种方法，素材的来源较广。

另一种方法是利用超级解霸、金山影霸等软件来截取 VCD 上的视频片段（截取成 *.mpg 文件或 *.bmp 图像序列文件），或把视频文件 *.dat 转换成 Windows 系统通用的 avi 文件。这种方法无需额外的硬件投资，有一台多媒体电脑就可以了。

还可以用屏幕抓取软件（如 Snagit32、HyperCam 等）来记录屏幕的动态显示及鼠标操作，以获得视频素材。得到的 avi 文件或 mpg 文件，可以使用 Adobe Premiere 软件进行合成或编辑。

5. 动画素材获取

动画根据表现形式可分为二维动画和三维动画。三维动画立体感强，动画效果逼真。从生成的角度来说，制作三维动画要比制作二维动画复杂一些，要考虑诸如灯光、摄像机镜头等诸多因素。相对而言，二维动画比较容易制作。动画制作软件很丰富，常用的有 Flash（二维动画）和 3D Studio Max（三维动画）。

（二）数字教学资源的查询与检索

在很多时候，教学资源并不需要我们亲自动手去做，因为因特网作为一个巨大的资源库，里面蕴含着丰富的教学资源，为广大教师互相借鉴、交流提供了广阔的天地。那么如何从网络上获取我们所需的教学资源呢？这就需要我们掌握一些信息查询和检索的方法和技巧。在网络上进行信息的查询和检索时，一般借助于搜索引擎。搜索引擎其实就是一个网站，按其工作的方式分为两类。一类是基于关键词的检索。输入关键词或包含关键词的逻辑组合后，计算机根据这些关键词寻找所需资源的地址，然后将包含关键词信息的所有网址和指向这些网址的链接反馈给用户。另一类是分类目录型的检索。该方式是把因特网中的资源收集起来，依据资源的类型划分为不同的目录，在同一目录中再对资源进行更进一步的细化分类，将资源层层归类。检索时，按分类逐层深入，最后就能找到想要的信息。

1. 查询与检索的工具

要提高检索效率，获得网络上的资源，应当给计算机安装以下软件：

（1）迅雷（Thunder）、网际快车（FlashGet）、超级旋风（QQ Download）或网络蚂蚁（Netants）。这是一些高速下载软件，具有多点连接、断点续传、计划下载等功能。

（2）WinRAR 解压缩软件。网络上的很多资源都是以压缩文件形式存在的，利用此工具可以压缩文件和解开压缩文件。

（3）ACDSee 看图软件，便于快速浏览图片或某些教学课件，同时它还具有简单的图像编辑和处理功能，是一个非常方便的图像工具。

（4）Flash、Authorware、超级解霸等多媒体软件，便于查看课件、影音文件等。

（5）百度、搜狗等搜索引擎，便于查询相关网址。

（6）Word 或其他文字处理软件。

2. 查询与检索的方法

可以利用百度、搜狗或其他网站上的搜索引擎来解决这个问题。在搜索栏中键入所要查询的关键词，如生物教学、动物、植物等，点击"搜索"，接下来打开的页面上就会出现与我们所查关键词内容相关的网站名称、地址及网址摘要，根据这些摘要信息来选取相关网址，点击链接即可找到所需资源。

3. 查询检索资源的保存

当找到有用的资源时，该如何将其保存下来以备将来之用呢？因特网上可以找到的教学资源通常有文字类（包括试题库、论文库、教案库、教育教学信息等）、图片类、影音类和课件类。

（1）文字类。试题、论文或教案等资源有两种获取方法。首先进入某一教学资源网站，再进入相关主题。如果该题库的试卷以压缩包的形式存在，则在点击要下载的试卷名时，迅雷等下载软件就会自动运行，设置好保存路径和文件名后即可下载。试卷下载一般不会超过 1 分钟，下载完毕利用解压后即可查阅试卷内容。对于直接呈现在网页上的文字内容，用鼠标左键选择所需的文字内容（左键拖住所选范围），用工具栏或右键快捷菜单的"复制""粘贴"命令，将所选文字粘贴到新建的 Word 或 wps 文档中，设置好相应的路径和文件名后，保存即可。

（2）图片类。在网络上找到对教学有帮助的图片时，可以直接点击以压缩包形式存在的图片，下载图片。当进入图片所在的页面时，用鼠标右键快捷菜单，选择"图片另存为"，设置好保存的路径、文件名，按确定即可。Windows 系统自带的 IE 浏览器对浏览过的网页上的图片有"记忆"功能，所浏览的图片文件均会自动保存于 C 盘的 Windows Temporary Internet Files 文件夹下。利用 ACDSee 软件打开该文件夹，浏览并选择好自己所需的图片，利用工具栏上的"复制到"命令，设置好保存的路径即可转移保存。

（3）影音类和课件类。课件及影音资料在网上都是以压缩包的形式存在的。用鼠标左键点击所选课件或影音文件，迅雷会自动运行，设置好相应的路径、文件名后即可下载保存了。下载完毕后可用 Flash 或 Authorware、超级解霸等软件来观看所选课件或影音文件的效果。当然，下载后的文字、课件等资料，并不能完全满足课堂教学实际，这就要求我们根据课堂实际需求加以归纳、剪接和整理。

（三）数字教学资源获取时应注意的问题

随着信息技术的发展，网络资源越来越丰富。网络上的信息可以分为两大类：一类是随意共享的公众信息；另一类是受到版权保护的信息，即在使用时带有一定的版权要求。因此在使用网络资源时，应该遵循"合理使用"的原则，即为了学习、引用、评论、注释、教学、科学研究、保存版本等目的，在不影响作者或出版商获取利润的条件下，使用其信息资源而不需要向版权人支付报酬。因此，在引用网络上的教学资源时，要自觉注明出处。总而言之，在从事教学、学术研究时，既要充分利用网络带来的便利条件，又要树立版权意识。在享受他人成果的时候，也要尊重他人的劳动成果。

六、高校教育中数字教学资源的集成

有了教学资源，并不等于就有了教学课件，还必须有一个课件集成的过程，也就是对数字教学资源进行组织的过程。这就需要用集成工具来创作和整合各类数字教学资源。教师可以根据教学需要，选用适当的媒体工具，组织和编排从资源库中选出的资源，从而创作出适合教学实际的、具有教学特点的课件。

七、高校教育中数字教学资源库的建设

（一）数字教学资源库存储的要求

在获取了大量的教学资源后，就需要对其进行分类存储。教学资源的存储必须满足存得上、找得到、读得出、信得过、用得起五方面的要求。第一，存得上：就是要具备完备的资源收集提取策略。第二，找得到：要求对资源有科学的描述，为资源的提取提供方便。第三，读得出：对找到的数字资源，还要能够方便地将资源还原呈现出来。第四，信得过：让资源的托管者、资源的管理者和资源的使用者都确认系统是可信的。第五，用得起：教师在选择资源、建设系统时，应该考虑到学校的经济实力，即必须保证能用得起这个系统。资源使用成本包括系统建设成本和运行维护成本。一般情况下，运行维护成本远远高于系统建设成本。它是影响系统能否持续运行的关键因素。

（二）数字教学资源库开发原则

在开发和建设数字教学资源库时，应本着以下原则：

第一，教学性原则。数字化教学资源应能满足教与学的需求，要有助于解决教学上的重点、难点、关键内容或文字教材难以解决的问题。另外，在学习进度的安排上和教学信息的呈现上要符合教与学的原理。

第二，科学性原则。数字化教学资源应能正确反映学科知识。作为传授学科知识的教学资源，内容要正确，目标应明确。

第三，开放性原则。由于数字化资源以教学素材的形式提供给师生重组和使用，应尽可能将师生参与制作的作品都纳入资源库中。

第四，通用性原则。数字化教学资源集合了当今最新的数字技术和资源设计思想。在相应的技术标准规范下，所设计的教学资源应能支持不同的教学情境和多种形式的学习。

第五，层次性原则。为了方便学习者按自己的知识水平和学习的需要提取资源，数字化教学资源应实行模块化管理，使学习者通过对不同层次资源的使用和重组，最大限度地发挥资源的个性化潜能。

第六，经济性原则。数字化教学资源的开发还要考虑经济条件，应以较少的投入开发出高质量的教学资源。对此，要强化对现有资源的数字化改造，避免因资源的重复建设而造成浪费。

（三）数字教学资源库管理的模式

对教学资源库应该加强管理，否则，各类教学资源不仅容易流失、损毁，而且难以满足学习者的需求。应该建立相应的教学资源管理系统，将资源的相关属性（如资源的名称、编号、类型、学科、专业、适用对象、来源、简介、关键字和存放位置）记录在系统数据库中，在使用时按要求动态生成树形目录索引，以方便使用。目前，教育资源库已发展成具有多种建设模式和服务目标的资源库。

1. 文件目录的管理

文件目录管理是最简单、最原始的资源管理方式。它根据教育资源不同的分类，将其存储在服务器上不同的目录中，通过计算机的操作系统目录共享功能，对教学资源进行管理和操作。这种存储方式的特点是资源管理直观、简单，远程访问时速度快，可通过网上邻居、http 或 ftp 方式直接将该资源文件下载到本地。但使用该方式，资源的安全性较差，易受病毒侵蚀，易被他人盗用和破坏。目前很多学校自发组织的资源共享，基本上都是采用这种方式存储。当资源积累到一定规模时，由于缺少便捷的检索工具，资源的使用和管理都很不方便。

2. 专题资源网站管理

专题资源网站与文件目录管理相比，是一种更具有针对性的资源建设方式。这种资源网站有两种类型：主题学习资源库和虚拟社区资源库。主题学习资源库与国外的探究式学习网站（Web Quest）比较类似，主要是针对某一主题（如太空知识、克隆人等），提供各种探究活动、学习资源和讨论组，为研究性学习提供丰富的资源和空间。虚拟社区资源库以讨论组的方式将资源划分成不同版块，用户在获取资源时可以将自己的资源贡献出来，每个版块的负责人会定期整理本版中的发言，将零散、无序的内容条理化和系统化，同时把精华资源推荐给其他用户。

3.学科资源网站管理

学科资源网站建立在原始资源库的基础之上。每个网站以主题方式呈现了与本学科相关的所有资源，并提供了相关的检索方式。以学科分类的网站，能调动学科教师的积极性，有利于组织学科骨干参与资源库的建设。一旦原始资源库中增加了新的资源，就会通过学科网站的接口将资源进行主题分类，并在学科网站的主页中显示更新信息。这样在短期内建设起网站的框架，为学科教育积累资源。网站建成后，学科教师既可以在门户网站上搜索资源，也可以在原始资源库中进行更为精细的检索，获取大量的原始资源，并根据教学需要进行重新组合。这类网站资源依据学科特点，不拘一格，形式多样，结合该学科的教学研究，充分体现了不同学科教与学的需求。网站的内容除了题库、教案库、课件库、素材库外，还根据不同学科的特点设计了多种特色栏目和热点专题，如语文的作品欣赏、读写天地，地理的地图大全、地理大百科、旅游专题，生物的环保专题、克隆技术，历史的历史名人、历史名城、历史遗产等。

（四）数字教学资源库建设应注意的问题

在开发、建设数字教学资源库时，应该注意以下问题：

第一，确定资源库结构。资源库结构的确定，应充分考虑资源数量、类型和扩充性等因素，选择能呈现多种教学信息的多媒体数据库，使教学资源的开发做到低费用、高效益。

第二，积极利用已有的教学资源。自改革开放以来，我国的教育技术获得了很大发展，研制、开发和制作了大批丰富的音像、幻灯、投影教材等教学资源。我们要充分利用这些已有的教学资源，来开发新的教学资源。

第三，充分体现多媒体技术的特点。在信息化教学中，应根据实际需要来选择媒体种类，为学习者创设多样化的情境。利用友好的交互界面，激发学习者学习的兴趣，调动其参与学习的积极性。通过建设超媒体或超文本链接，提供多种教学信息进程结构，满足不同学习者的信息需求。

第四，按知识点开发。信息化教育的一个显著特点，就是最大限度地调动每一位学习者的潜能。由于学习者认知能力的差别，再好的课件也难以满足每一位学习者的需求。因此，广大教师要充分利用信息化的工具，按照学习者的知识点来开发教学资源，以使每一位学习者都成为学习的成功者。

第五，充分发挥企业作用。随着知识经济时代来临，许多高科技企业已经加入信息化资源库的开发、建设之中。高科技企业拥有雄厚的资金，同时拥有大量的高水平科技人才，借助他们的"兵团"优势，就可以开发出高质量、高水平的信息化教学资源，以满足日益增长的信息社会的学习需求。

第六，积极参加课题开发任务。教学资源的开发还可以申报国家、省教育部门课题以获得资助。通过这种方法来进行有组织的系统开发，充分发挥各自的领域优势，也有利于形成教学资源开发的规模。

八、高校教育中数字教学资源的应用

依据多媒体对象属性划分出来的文本、图形、图像、动画、视频剪辑、声音等教学资源，在教学中起着各不相同的作用。

第一，计算机多媒体环境下的文本与传统媒体中文字的作用基本一致，主要用于描述事实、总结规律、书写教学提纲等。但计算机多媒体环境下的文本还有更多的用途，如"超文本"赋予了文本以信息链接指向的特殊功能，为教学信息的组织和教学顺序的排列提供了技术支持。

第二，图像可以将教学内容直观化，起到与传统的图片相仿的功能。计算机中的图像，在制作、修改、存储、呈现等方面，比传统图片更方便，画面也可以表现得更加突出。而计算机中的图形则以小巧的体积和灵活的呈现方式，在教学中得到越来越广泛的运用。

第三，动画使动态的信息被大量地运用于教学过程中。它能突出教学的要点、改善教学效果，目前，动画已经成为计算机多媒体技术在教学中得到运用的典型代表。

第四，视频剪辑是计算机多媒体与传统影视媒体之间的一个接口，因其信息来自影视等媒体，在时间概念和空间概念的表现上有很强的真实性，常用来呈现真实的景观，描述事物的发展变化。它与动画采用的存储格式和回放技术相同。

第五，声音可以起到烘托气氛的作用，可在教学过程中突出区域特征，也可在计算机的操作过程中起到提示音的作用。数字化的声音在声音质量、播放控制等方面都比普通声音的运用来得方便。

第二节　高校教育教学课程与信息技术的整合

在系统科学思维的方法论中，"整合"表示由两个或两个以上较小部分的事物、现象、过程、物质属性、关系、信息、能量等在符合具体客观规律或一定条件的前提下，凝聚成较大整体的过程及结果。教育界引用"整合"一词通常表示综合、渗透、重组、互补、凝聚等含义，而不是简单的叠加。目前国内关于信息技术与课程整合的说法与定义很多，

纵观这些观点可以发现，产生分歧的主要原因是对课程概念的理解不同。目前，信息技术与课程整合的定义可以分为"大整合论"和"小整合论"两种。

"大整合论"所理解的课程是一个较大的概念，这种观点主要是将信息技术融入课程的整体中去，改变课程内容和结构，变革整个课程体系。"大整合论"有两种观点：一是信息技术与课程整合是指通过基于信息技术的课程研制，创立出信息化课程文化，它针对教育领域中信息技术与学科课程存在的割裂和对立问题，通过信息技术与课程的互动性双向整合，促进师生民主合作的课程与教学组织方式的实现和以人的学习为本的新型课程与教学活动样式的发展，建构起整合型的信息化课程新形态。二是信息技术与课程整合实质上是指信息技术有机地与课程结构、课程内容、课程资源以及课程实施等融合为一体，从而对课程的各个层面和维度都产生变革作用，促进课程整体的变革。"大整合论"的观点有助于从课程整体角度去思考信息技术的地位和作用。

"小整合论"则将课程等同于教学。这种观点将信息技术与课程整合等同于信息技术与学科教学整合。在这里，将信息技术作为一种工具、媒介和方法融入教学的各个层面中，包括教学准备、课堂教学过程和教学评价等。这种观点是目前信息技术与课程整合实践中的主流观点。信息技术与课程整合概念的分化，反映了人们看待信息技术作用的不同视角。在研究与实践中，持"大整合论"的人一般都是专家学者，而一线教师和教研人员则比较认可"小整合论"。

信息技术与课程整合特别需要关注教学实践层面的问题，不能简单地将信息技术作为一种新的教学手段与传统的教学手段叠加。广义上讲，课程整合是使分化了的学校教学系统中的各要素形成一个有机联系的整体，以及这个整体形成的过程。狭义上讲，它指的是各学科之间（包括各学科内部）的整合，即将各学科关联起来加以学习。在这一整合过程中，课程各要素形成了有机的联系和结构。课程整合不是将不同学科相加在一起，而是将课程看成一个整体，将不同学科的知识整合在一起，让学生在学习过程中不知不觉地、有机地掌握不同的知识，从而提高综合素质。课程整合强调各个学科领域之间的联系和一致性，避免过早或过分地强调各个学科领域间的区别，从而防止各领域之间出现彼此孤立、相互重复或脱节的现象。

一、高校教育教学课程与信息技术整合的基本原则

信息技术与课程整合是将信息技术有机地融合在各学科教学过程中，它使得信息技术与学科课程的结构、内容、资源以及课程的实施等融为一体，成为与课程的内容和课程的实施高度和谐自然的有机部分，从而更好地完成课程的目标，同时提高学生的信息素养，培养学生的协作意识和能力，使学生掌握在信息社会中思考和解决问题的方法。

但整合不等于混合，在利用信息技术之前，教师要清楚信息技术的优势和不足，并了解学科教学的需求。在整合过程中，教师要设法找出信息技术在哪些地方能提高学习的效果，从而使学生用信息技术来完成那些用其他方法做不到或做得效果不好的事情。对于学生来说，信息技术则是一种终生受用的学习知识和提高技能的认知工具。课程整合的最基本特征，就是它的学科交叉性和立足于能力的培养，它强调事物联系的整体性和能力培养的重要性。

（一）正确运用教育理论指导信息技术与课程整合实践

现代学习理论为信息技术与课程整合奠定了坚实的理论基础。在教学和学习的层面上，每一种理论都有其正确性的一面。但是，在教学实践中，没有一种理论具有普适性。换言之，无论哪一个理论都不能替代其他理论而成为唯一的指导理论。否则，就会误入二元分立的思维方式，导致为了克服一种片面性，而又陷入了另一种片面性之中。行为主义学习理论适用于需要机械记忆的知识或具有操练和训练教学目标的学习。认知主义学习理论的指导作用则主要体现在激发学生的学习兴趣、控制和维持学生的学习动机。建构主义学习理论提倡给学生提供建构理解所需要的环境和广阔的空间，让学生自主、发现式地学习。

（二）根据教学对象选择信息基于与课程整合的策略

人类的思维类型可分为抽象思维与具体思维、有序思维与随机思维。对于不同学习类型和思维类型的人而言，他们所处的学习环境和所选择的学习方法将直接影响他们的学习效果。在长期的教学实践中发现：有的学生不能主动地对外来信息进行加工，他们喜欢有人际交流的学习环境，需要明确的指导和讲授；而有的学生在认知活动中，则更愿意独立学习，进行个人钻研，更能适应结构松散的教学方法或个别化的学习环境。因此，信息技术与课程的整合应该根据不同的教学对象，实施多样性、多元化和多层次的整合策略。

（三）根据学科特点构建信息技术与课程整合的模式

每个学科都有其固有的知识结构和学科特点，它们对学生的要求也是不同的。如语言教学是培养学生应用语言的能力，主要训练学生在不同的场合正确、流利地表达自己的思想，较好地与别人交流的能力。为此，应该利用信息技术，模拟出接近生活的真实的语境，为学生提供反复练习的机会。数学属于逻辑经验学科，主要由概念、公式、定理、法则以及应用问题组成，教学的重点应该放在开发学生的认知潜能上。教师可以通过给学生创设认知环境，让他们经历由具体思维到抽象思维，再由抽象思维到具体思维的思维过程，并完成对数学知识的建构。而物理和化学则是与人们的生产、生活密切相关的学科。在教学中，应注意对学生的观察能力、解决问题的能力和做实验的能力的培养。对于那些需要观察自然现象或事物变化过程的知识，形象和直观的讲解将有助于学生理解和记忆。但如果需要培养学生的操作能力，那么用计算机的模拟实验全部代替学生的亲手实验，将会违背学科的特点，背离教学目标中对学生动手能力的培养。因此，在对不同的学科进行整合时，既要遵循相同的整合原则，也应根据学科的特点，选择不同的整合策略，运用不同的方式。

（四）运用"学教并重"理论进行课程整合的教学设计

目前流行的教学设计理论主要有"以教为主"的教学设计和"以学为主"的教学设计两大类。由于这两种教学设计理论各有其特点，因此，最理想的方法是将二者结合起来，取长补短，形成"学教并重"的教学设计理论。这种理论也正好能适应"既要发挥教师的主导作用，又要充分体现学生学习的主体作用的新型教学结构"的要求。在运用这种理论进行教学设计时要注意，不能将以计算机为基础的信息技术——不论是多媒体，还是计算机网络——仅仅看作辅助教师"教"的演示教具，而更应当强调把它们作为促进学生自主学习的认知工具与情感激励工具。在课程整合时，我们要把这一观念牢牢地、自始至终地贯彻到整个教学设计的各个环节之中去。

（五）遵循个别化学习和协作学习的和谐统一原则

信息技术给我们提供了一个开放性的实践平台。在实现同一目标时，我们可以采用多种不同的方法。同时，课程整合强调"具体问题具体分析"。当教学目标确定后，可以通过整合不同的任务来实现目标。对于同一任务，不同的学生也可以采用不同的方法和工具来完成。这种个别化的教学策略，对于发挥学生的主动性、进行因人而异的学习是很有帮助的。但社会化大生产要求人们具有协同工作的精神。同样，在现代学习中，尤其是在一些高级认知场合（如复杂问题的解决、作品评价等），要求多个学生能对同一问题发表不同的观点，并在综合评价的基础上，协作完成任务。网络，尤其是互联网的出现，也正为这种协作学习提供了很好的平台。因此，在教学中，既要为学生提供个别化的学习机会，又要组织学生进行协作学习。

二、高校教育教学课程与信息技术整合的阶段和层次

根据信息技术与课程整合的不同程度和深度，可以将整合的进程大略分为三个阶段：封闭式的、以知识为中心的课程整合阶段，开放式的、以资源为中心的课程整合阶段，全方位的课程整合阶段。在不同的阶段，技术投入与学生学习投入是不同的。在教学过程中，教的活动和学的活动对技术有一定的依赖性。根据学生的参与程度、对信息技术

的特征和功能的不同要求，可以将信息技术与课程整合的三个阶段细化为十个层次，同时对每个层次的教学策略、学生的学习方式、教师的角色、学生的角色、教学评价方式和依据以及信息技术在不同层次中的作用进行比较、阐述。以下是对三阶段十层次的相关内容的详细分析。

（一）封闭式的、以知识为中心的课程整合阶段

传统教学和目前的大多数教学都属于此阶段：严格按照教学大纲，按照教材的安排和课时的要求来设计所有教学活动。如果课程内容较少，就安排一些讨论，多设计一些活动；如果课程内容较多，就采用"满堂灌"的形式。虽然教学中也采用一定的辅导软件，但是目前的辅导软件也是在上述指导思想下编制出来的，整个教学都在以"知识"为中心的指导下进行，教学目标、教学内容、教学形式及教学组织都和传统课堂教学没有什么区别，整个教学过程仍以教师的讲授为主，学生仍然是被动的反应者、灌输知识的对象。信息技术的引入，只是在帮助教师减轻教学工作量方面取得了一些进步，而对学生思维与能力的发展并没有实质性的作用。按照教学对技术的依赖程度和学生的投入程度，此阶段可细化为三个层次。

1.信息技术作为演示工具（第一层）

教师可以使用现成的计算机辅助教学软件或多媒体素材库，选择其中合适的部分用在自己的教学中。教师也能利用 PowerPoint 或者一些多媒体制作工具，集成各种教学素材，编写自己的演示文稿或多媒体课件，讲解教学中的知识点，形象地演示其中某些难以理解的内容，或用图表、动画等展示动态的变化过程和理论模型等。另外，教师也可以利用模拟软件或者计算机外接传感器来演示某些实验现象，帮助学生理解所学的知识。这样计算机代替了幻灯片、投影、粉笔、黑板等传统媒体，实现了它们无法实现的教育功能。由于该层次的教学对信息技术的依赖程度较小，只是必要时才用一用，学生也只能听、看，没有实际操作的机会，因此，这种方式仍是被动型的学习。

2.信息技术作为交流工具（第二层）

信息技术作为交流工具是指将信息技术以辅助教学的方式引入教学，主要完成师生之间情感交流的作用。要实现上述目的，并不需要复杂的信息技术，只要在有因特网或局域网的硬件环境下，采用简单的 BBS、聊天室等工具即可。教师可根据教学的需要或学生的兴趣开设一些专题或聊天室，并赋予学生自由开辟专题和聊天室的权利，使他们在课后有机会对课程的形式、教师的优缺点、无法解决的问题等进行充分的交流。

讲授式教学仍然是此层次的主要教学策略，学生仍以个体作业形式完成学习任务，评价方式也与前一层次相同，教师的角色和学生的角色也基本没有变化，但是，教师多

了一项工作，即对交流的组织和管理。由于学生学习兴趣的提高，这一层次的学习效果优于前一层次。此外，此层次对信息技术提出了新的要求，即因特网和局域网的使用。

3. 信息技术作为个别辅导工具（第三层）

随着计算机软件技术的飞速发展，出现了大量的操练练习型软件和计算机辅助测验软件，让学生在练习和测验中巩固，熟练所学的知识，为下一步学习奠定基础。在此层次，计算机软件实现了教师职能的部分代替，如出题、评定等，因此，教学对技术有较强的依赖性。此外，在此层次中教学还能在一定程度上注意学生的个别差异，提高学生学习的投入程度。主要应用技术有个别辅导软件以及教师与学生之间的交流工具等。

根据不同的学习内容和学习目标，个别辅导软件提供的交互方式也有所不同，体现了不同的教学或学习方式，从而形成了不同模式的个别辅导软件，如操练和练习、对话、游戏、模拟、测试、问题解答等。

在本层次，主要采取的教学策略有个别辅导式教学和个别化学习等。虽然教学仍是封闭式的、以"知识"为中心，但是，学生有机会与大量的优秀软件接触，对学生的学习积极性有较大促进作用。在教学中，教师要时刻关注学生的学习进展，学生遇到问题时，可以向教师或其他学生请教，以得到及时的辅导和帮助。最后的评价方式仍以测验为主。

（二）开放式的、以资源为中心的课程整合阶段

信息技术与课程整合的第一阶段基本上是封闭的，以个别化学习和讲授为主。在第二阶段，教学观念、教学设计的指导思想、教师的角色和学生的角色等都会发生较大的变化。教育者重视学生对所学知识的意义建构，教学设计从以知识为中心转变为以资源为中心、以学为中心，整个教学对资源是开放的，学生在学习某一学科内的知识时可以获得许多其他学科的知识，学生在占有丰富资源的基础上完成各种能力的培养，学生成为学习的主体，教师成为学生学习的指导者、帮助者、组织者。按照对学生能力由低到高的培养顺序，可以将此阶段细化为四个层次，每层次着重培养的学生的能力分别是信息获取和分析能力、信息分析和加工能力、协作能力、探索和创新能力。

1. 信息技术提供资源环境（第四层）

信息社会需要有信息能力的新型人才，信息能力是指获取、分析和加工信息的能力。随着网络技术的飞速发展，网络资源浩如烟海，如何在广袤的信息海洋中迅速、准确地找到自己所需的资源，如何判断资源的价值并对其进行取舍，如何合理地将资源重新组合为己所用，这是每个人都要面对的问题。用信息技术提供资源环境就是要突破书本是知识主要来源的限制，用各种相关资源来丰富封闭的、孤立的课堂教学，极大地扩充教学知识量，使学生不再只学习课本上固有的内容。

在此层次中，主要培养学生获取信息、分析信息的能力，让学生在对大量信息进行筛选的过程中实现对事物的多层面了解。教师可以在课前将所需的信息整理好，保存在某一文件夹内或内部网站上，让学生访问该处来选择有用信息；也可以为学生提供适当的参考信息，如网址、搜索引擎、相关人物等，由学生自己去因特网或资源库中搜集素材。比较而言，后者比前者更能培养学生获取信息、分析信息的能力，但它受到网速或学生信息处理能力等条件的限制。采用第一种方式也很好，不过要求教师提供尽可能多的资源，让学生有对信息进行筛选的可能。该层次是所有后续层次教学的基础。在信息社会里，学生只有找到资源才有创作、发明可言。

2. 信息技术作为信息加工工具（第五层）

上一层次主要培养学生获取信息和分析信息的能力，强调学生在对大量信息进行筛选的过程中对事物综合地了解和学习。本层次主要培养学生分析信息、加工信息的能力，强调学生在对大量信息进行快速提取的过程中，对信息进行整理、加工和再利用。本层次不能独立存在，必须依赖于信息技术提供的资源环境，如果没有可供探索的资源，就无法实现对信息的获取，更谈不上对信息进行分析和加工。

在本层次的教学中，重点培养学生的信息加工能力和思维的流畅表达能力，达到对大量知识的内化。在教学过程中，教师要密切注意学生的信息加工处理过程，在其遇到困难的时候给予及时的辅导和帮助。

3. 信息技术作为协作工具（第六层）

与个别化学习相比，协作学习有利于促进学生高级认知能力的发展，有助于学生协作意识、技巧、能力、责任心等方面的素质的培养，因而受到广大教育工作者的普遍关注。但是，在传统的课堂教学中，由于受人数、教学内容等种种因素的限制，常常使得教师力不从心。计算机网络技术为信息技术和课程整合、进行协作式学习提供了良好的技术基础和支持环境。计算机网络环境扩充了协作的范围，减少了协作的非必要性精力的支出。在基于因特网的协作学习过程中，基本的协作模式有四种：竞争、协同、伙伴和角色扮演。

竞争是指两个或多个学习者针对同一学习内容或学习情景，通过因特网进行竞争性学习，看谁能够首先达到教学目标的要求，在培养学生技巧和能力的同时，培养学生的竞争意识和能力。基于竞争模式的网络协作学习，一般是由教师预先提出一个问题或目标，并提供学生解决问题或达到目标的相关信息。学习者在开始学习时，先从网上在线学习者名单中选择一位竞争对手或选择计算机作为竞争对手，并达成竞争协议，然后开始各自独立地解决学习问题。在学习过程中，学习者可看到竞争对手所处的状态以及自己所处的状态，并可根据自己和对方的状态调整自己的学习策略。竞争一般要在智能性较强的网络教学软件支持下进行。

协同是指多个学习者共同完成某个学习任务，在共同完成任务的过程中，学习者发挥各自的认知特点，相互争论，相互帮助，相互提示或者进行分工合作。学习者对学习内容的深刻理解和领悟就在这种和同伴紧密沟通与协调合作的过程中逐渐形成。协同需要多种网络技术的支持，如视频会议系统、聊天室、留言板等。

伙伴就是在网络环境下找到与现实环境中的伙伴类似的学生，然后共同协作，共同进步。另一种伙伴形式是由智能计算机扮演伙伴角色，和学生共同学习，共同玩耍，在必要时给予忠告等。

角色扮演指在用网络技术创设的与现实或历史相似的情境中，学生扮演其中的某一角色，在角色中互相学习。要实现角色扮演一般采用实时交互的网络工具，如NetMeeting、视频会议、多功能聊天室等。

可以发现，以上四种学习模式中，学习和教学基本都是在网络技术的支持下进行的，学生通常处于一种参与状态。

4. 信息技术作为研发工具（第七层）

虽然我们强调对信息的加工、处理以及协作能力的培养，但最重要的还是要培养学生的探索能力、自己发现问题和解决问题的能力以及创造性思维能力，这才是教育的最终目标。在实现这种目标的教学中，信息技术扮演着研发工具的角色。

很多工具型教学软件都可以为该层次的教学和学习提供很好的支持。随着信息技术的飞速发展，新技术在教学中的应用为学生的探索和学习提供了强有力的支持。如在经济学课程中，虚拟现实技术可以模拟真实的商业情境，让学生在各种真实、复杂的条件下做出决策和选择，提高学生对真实问题的解决能力。

探索式教学和问题解决式教学等都是将信息技术作为研发工具的教学模式，而且也取得了一定的成果。但是，如何更好地发挥信息技术的作用，设计出能更好地培养学生创造性思维能力的模式，仍是所有教育人员奋斗的方向之一。

（三）全方位的课程整合阶段

虽然前两个阶段的七个层次彼此之间有很大的差异，但是，它们都没有使教学内容、教学目标以及教学组织架构实现全面的改革和信息化。当前七个层次在较大范围内得到推广和使用，并取得很大成功时，当教育理论和学习理论得到充分发展和利用时，当信息技术在教学中的应用得到更系统、更科学的探讨和细化时，必然会推动教育发生一次重大的变革，促进教育内容、教学目标、教学组织架构的改革，从而完成整个教学的信息化，将信息技术完全融入教育的每一个环节，达到信息技术和课程改革的更高的目标。

此阶段也可细分为以下三个层次:

1. 教育内容改革（第八层）

信息技术在教学中的应用，给传统教学内容、教学结构带来了较大的影响。那些强调知识内在联系、基本理论、与生产生活相关的教学内容变得越来越重要，而那些脱离实际、基于简单的知识传授和简单技术培训的教学内容则成为一种冗余。教学内容的表现形式也将发生很大变化，将由原来的文本性、线性结构形式变为多媒体化、超链接结构形式。

教育内容的发展趋势如下：教材的难度增加，重视基本理论，强调知识内在的联系。要依据高难度、高速度和理论化原则重新编写教材，在课程设计上重在学科结构合理，教学内容少而精，着重使学生掌握一般的基本原理以发展学生的认知能力。制定教学大纲要着眼于能力，特别是思维能力、创造力的培养，而不是一般知识的传授和一般技术的培训，范围要宽。教育内容还要与生产实践相结合，着力培养学生解决真实性问题的能力。教材多媒体化，利用多媒体和超媒体技术建立结构化、动态化、形象化的教学内容，使学生在学习某一内容时，可跳转到与该内容相关的任何知识点和资源。

现在已经有越来越多的教材和工具书变成多媒体化，它们不但包含文字和图形，还能呈现声音、动画、录像以及模拟的三维信息等。

2. 教学目标改革（第九层）

教育内容的改革会对现有的以知识为中心的教学目标产生强烈冲击，以能力为核心的教学目标将成为主体。这些能力包括：（1）信息处理能力（获取、组织、操作和评价）；（2）问题解决能力；（3）批判性思维能力；（4）学习能力；（5）与他人合作和协作的能力。这些目标已经在一定程度上受到一些人的重视，随着信息技术和课程改革的不断深入，必将产生新的强调帮助学生参与真实性任务和产生真实性项目的教学目标。

3. 教学组织架构改革（第十层）

随着教育内容和教学目标的改革，教学组织架构和形式也会发生相应的变革。教学目标强调以真实性问题为学习核心，这就要求教学必须打破传统的 45 分钟一堂课、学生都坐在教室中听课的时间和空间限制，学习必须以项目和问题为单位，对学习的时间和空间进行重新设计和规划。在教学的组织形式上、活动安排的分组上，也要打破传统的按能力同质分组的方式，实行异质分组。

三、高校教育教学课程与信息技术整合的具体模式

在信息技术与课程的整合中，信息技术是作为一种认知工具出现的，且与教学的

总体能力目标一致，即培养学生的"信息素养"和实践能力。但对于不同的学科，信息技术的作用是不一样的，为此可以将信息技术与课程整合分为三种基本的课程模式。

（一）对于信息技术课程：信息技术是学习的对象

信息技术课程作为一门专门的学科开设，主要学习的是信息技术的基本技能和基本工具的使用。开设信息技术课程并不仅仅是为了学习信息技术本身，更主要的是培养学生利用信息技术解决问题的习惯和能力。根据具体操作流程的不同，课程整合理念指导下的信息技术课程模式也不同。

1. 带疑探究—讲授示范—动手操作型

教师先要根据信息技术课程的教学目标，提出具有吸引力或探究性的问题，并用激励和引导性的语言点拨学生进行思考与自主探究，引导学生运用已具备的信息技术技能主动寻找问题的解决方法。然后将问题分解为若干个小的信息技术学科知识点，向学生讲授相关内容，进行上机示范操作，学生通过亲自动手操作，获得相关的知识和技能。最后，教师展开评价并鼓励学生间进行互评。

2. 任务驱动—协作学习型

教师首先依据教学的重点、难点，以及不同的学校环境、个人特长和社会背景，灵活地设计融合了信息技术教学目标的任务。任务应是具有层次性、由易到难的一个梯状任务系统。然后将设计好的任务呈现给学生，让学生主动寻求学习伙伴，组成小组，采用协作学习的形式进行主动探究。学生将在学习过程中探索发现的信息和学习资料，与小组中的其他成员共享，彼此之间互相交流，进行共同学习。最后，教师进行总结性评价。评价重点要放在对学生信息技术应用能力的考查上，主要检查学生运用信息技术的能力和信息素养的提高方面。

（二）与其他学科的整合：信息技术作为教学工具

学生在教师的组织下利用信息技术进行学习。这时信息技术起着为其他学科的教学服务的工具作用。信息技术辅助下的课堂教学有多种表现形式。

1. 群体—讲授型

信息技术辅助的群体—讲授模式，是对传统教学方式的继承与发展，它是在同一时间内，对整个班级群体进行同样内容的教学，只是将信息技术作为一种教学手段加以运用。这种模式有三个优点：一是集文字、图片、声音、图像的表达于一身，使课堂教学活动变得生动活泼；二是可以不受时间、空间和宏观、微观的限制，便于突破教学重点和难点；三是简单、易操作，能够快速、及时地呈现教学内容，提高教学效率。该模式的基本步骤为：备课时教师研究教学内容，自己设计课件或从资源库里选择课件；课上教师利用课件创设情境，展示教学信息，引导学生接受教学信息并认真思考；最后，教师进行总结。

2. 自主—监控型

自主—监控模式是在网络教室里，学生利用教师提供的教学资源（包括数字化资源和非数字化资源）进行学习，教师监控学生的学习过程，及时辅导。由于超文本链接实现了网络资源的共享及对教学信息有效的组织与管理应用，因而学生可以根据个人需要使用网络资源。在教学过程中，教师利用教师机监看、监听任意指定的单个学生机上的学生活动，通过遥控学生机的键盘和鼠标，对学生进行"手把手"的交互辅导教学。

在自主—监控模式中，首先，要求教师根据教学目标对教材进行分析和处理，决定用何种形式将教学内容呈现给学生；其次，学生接受了学习任务以后，在教师的指导下，利用教师提供的资料或自己查找的信息进行个别化和协作式相结合的学习；最后，教师总结教学内容并对学生进行个别化评价。

3. 讨论型

讨论模式的基本特点是师生利用网络交流工具实现实时和非实时的讨论。这种教学一般是由教师提出一个或多个讨论问题，学生针对这些问题进行讨论。不论是实时讨论，还是非实时讨论，教师都要认真倾听学生的发言，善于抓住学生思维的闪光点，及时发现学生出现的问题，并给予反馈。教师还要注意防止讨论偏离当前学习的主题，保证学生的发言能符合教学目标的要求。讨论结束后，教师还要对讨论的问题做总结，对学生的表现作恰如其分的评价。

讨论模式借助网络环境，可以克服学生的心理障碍，使其能够畅所欲言，真正参与到讨论中来。开展这种讨论时，学生的积极性往往比较高，但也比较耗时。该模式的基本步骤为：首先，教师根据教学目标对教材进行分析和处理，决定用什么形式来呈现什么教学内容，并以课件或网页的形式呈现给学生；学生接受学习任务后，在教师的指导下，利用教师提供的资料（或自己查找的信息）进行个别化和协作式相结合的学习，并利用信息技术完成任务；最后，师生一起进行学习评价、反馈。在整个教学过程中，学习集体和学生个体都得到重视，这样的教学十分有利于学生创新精神、问题解决能力和协作能力的培养。

（三）研究型课程：信息技术作为学习工具

研究型课程是以一种类似于科学研究的方式组织的教学。在该模式下，学生是学习的积极参与者。他们在信息技术的帮助下，从多种渠道寻找信息，对各种资料进行分析、归纳、整理、提炼，并从中发现有价值的信息，同时运用各种信息工具，体验科研的过程和方法，为自己的观点提供依据。

研究型课程中的整合任务，一般不是教材中的内容，而是课后的延伸，甚至是社会中的某些问题。它超越了传统的单一学科学习的框架，按照学生认知水平的不同，将社会生活中学生感兴趣的问题，以主题活动的形式呈现出来，让学生在研究、探讨中完成学习任务，从而达到课程目标。学生通过主体性、探索性、创造性解决问题的过程，将多个学科的知识，如学问性知识和体验性知识、课内知识与课外知识、学校知识与社会知识有机地结合在一起，最大限度地促进学生身心和谐统一地发展。研究型课程更加突出学生的主体性和参与的过程性。在整个研究的过程中，从研究方案的形成、方案的实施，到最后任务的完成都由学生自主完成，而教师仅对学生选题、收集和分析资料的方法等进行一般性指导。教师对学生的学习进行一般性指导，并非指教师的作用可以忽略。实际上，在整个教学过程中，教师指导得成功与否，直接关系到研究型学习的成败。

在组织研究型学习时，如何确定研究主题，将是整个研究型学习的关键所在。因此，教师在选择研究主题时，要考虑学生的认知能力和年龄特点，采用循序渐进的原则。

总而言之，信息技术与学科教学的整合，是提高教学效率的有效途径，是教学资源与教学要素的有机集合，是运用系统方法，在教育学、心理学和教育技术等教育理论和学习理论的指导下，协调教学系统中教师、学生、教学内容和教学媒体等诸元素的作用、联系和相互之间的影响，使整个教学系统保持协调一致的手段和方法。

四、高校教育教学课程与信息技术整合需注意的问题

目前，在课程整合的过程中还存在很多问题，但我们不能因噎废食，而应该积极探索，努力研究，扬长避短，采取有效的措施，推动信息技术和学科课程整合的健康发展。

（一）注重在课程整合过程中实现观念的转变

课程整合不是简单地把信息技术和学科教学进行相加，混合在一起，而是要把信息技术与学科教学有机地融合在一起。应实现这样两个方面的转变：一是要把信息技术从学习对象转变为学习工具，把信息技术作为提高教育质量的一个重要载体，信息技术的应用要和日常的教育教学结合起来，真正把信息技术运用到学习之中；二是要把信息技术由辅助教学的手段转变为学生学习的手段，发挥信息技术在学生自主学习、主动探究、合作交流等方面的优势。

（二）避免在课程整合过程中片面追求技术和手段

多媒体课件的画面形象生动，图文并茂，声音悦耳动听，对学生的感官会产生很强的刺激作用，能够提高课堂教学的效果。因此，很多教师在上课时更多地重视多媒体，

而忽视了教育的本质和理念。教学的本质是师生互动，生生互动。教师和学生用眼睛一直盯着频繁更换的画面，而这对于学生来讲，感受到的却是大量的重复刺激。这样，信息技术的优势随着多媒体的过多使用而逐渐丧失殆尽。认识学习理论认为，人的认识不是由外界刺激直接给予，而是由外界刺激与人的内部心理过程相互作用产生的。因此在教学中，教师要注意发挥学生的主动性和积极性，做到师生互动，人机交流。只有这样，才能提高学习效率。

（三）避免在课程整合过程中片面追求形象性和生动性

目前，许多教师制作的课件和进行的网络化教学中，过分地追求课件的形象性和生动性，而忽视了学科教学的个体特征，不但没有明显的提高学科教学效果，还无法切实可行地完成教学任务。所以，教师应该纠正教学中那些脱离教学实际、片面追求课件生动性的做法，按照学科的教学目标和教学内容的要求，以及学生的年龄特征、认知特点，在教学活动的进程中，充分利用多媒体计算机的交互性和主动参与性，并恰当地利用外部刺激的多样性来设计新型的教学模式，突出学科知识特点，发挥各种设备的潜力，实施高质量和高效率的教育教学，从而实现教学系统的最优化。

（四）避免在课程整合过程中向学生罗列知识点

运用信息技术可以方便快捷地获取大量的知识和信息，但这也造成了学科教师在信息化教学中盲目加大知识量，而给学生留下的思考和反馈时间却缩短了。长此以往，学生的学习质量和学习能力将会逐渐降低。从教育心理学角度看，一个正常人在 45 分钟的时间内，能够接触和理解的知识和要培养的能力都有个限度。如果超过了这个限度，更多的信息会造成学生学习质量的严重下降。因此，在教学中，要科学地控制信息量，将多媒体技术当作达到教学目的的一个手段。多媒体技术可以用来创设教学情境，激发学生学习的动机，围绕教学重、难点，组织学生分组合作学习。在运用信息技术进行授课时，教师要留给学生充足的思维和活动空间，强调交互式学习，强调学生的主动探索，强调教师的帮助者作用，强调冲破传统的课堂时空限制，强调质量信息的反馈。

第三节　高校教育教学信息化管理的延展

一、高校多媒体教室的构建与管理

随着现代高科技在教育领域的应用，多媒体教学环境——多媒体教室的建设在高校飞速发展。多媒体教室的建立不仅提高了教学效益和教学质量，同时为传统教学模式提供了新的平台。如何充分、合理、安全、科学地构建、管理多媒体教室，满足多媒体教学需求，保障多媒体教学的正常进行是当前教学管理部门亟待研究和解决的问题。

（一）高校多媒体教室的构建

1. 多媒体教室构建的原则

（1）实用性原则。实用有效是主要的构建目标，只有操作简单、切换自如、效果良好，才能最大限度地发挥设备的效益。

（2）可靠性原则。人机安全、设备的长期稳定运行等可靠性要点作为系统构建方案的首要设计原则，以保证系统在运行期间，为用户执行安全防范和高质量服务管理提供有效的技术支持手段，为用户降低系统运行方面的人工和资金成本。

（3）兼容性原则。对不同厂家、不同型号的同类设备具备兼容性。

（4）先进性原则。设备的选型要适应技术发展的方向，特别是中央控制软件要充分体现整个系统的先进性。

（5）可扩展性原则。多媒体教室能否和 Internet 相连、能否调用教室外教学资源是评判多媒体教室可扩展性的首要标准。

（6）安全性原则。考虑到多媒体教室的多用性，即在非教学时间提供学生使用教室（不使用设备）的设备安全性，操作台应根据设备规格定制并兼顾防盗、防火。

（7）便捷性原则。改变以往教师上、下课开关设备的烦琐问题，采用一键关机或远程控制关机（使用继电器根据设备操作流程分时控制设备的开关时间），方便教师操作。

（8）经济性原则。系统设计和设备选型应注重实用功能，降低总体投资，求得先进性与经济性的完美统一，做到设备性能、价格比的最好综合，从学校教学管理的实际需求出发，摒弃一切学校不需要的华而不实的东西。

2. 多媒体教室构建的内容

多媒体教室的构建应根据构建原则，科学、合理地选择设备。设计多媒体操作台，根据学科需要及拟建多媒体教室的位置、形状、大小、座位数量，相对集中地构建多媒体教室。根据管理方式，可分为单机型和网络管理型多媒体教室。

1）单机型多媒体教室的构建

单机型适合多媒体教室相对分散的区域，或是对设备要求较简单的部分学科的多媒体教学。

第一，电子书写屏。电子书写屏的使用省去了显示器，并替代了黑板的传统书写功能。

目前主要产品有 WACOM、伯乐、鸿合等，其主要功能为同屏操作、同屏显示、具备风格各异书写笔、自动排版、文书批改、手写识别、动态标注、后期处理等。电子书写屏的使用可有效避免多媒体教室设备因使用粉笔灰尘过多而导致出现故障、影响设备的使用，尤其是投影机因灰尘过多而频繁保护停机以及液晶投影机的液晶板因灰尘过多产生物理性损伤，同时提供给教师洁净的教学环境，有益于教师身心健康。

第二，中央控制器。采用具有手动调节延时功能的中央控制器，设定时间控制投影机、功放、投影幕布、计算机等设备的开关，保证投影机散热充分，延长投影机灯泡和液晶板的使用寿命，并防止多个设备同时通电和断电时对设备的损坏。

第三，投影机。根据多媒体教室的大小配置不同亮度和对比的品牌液晶投影机，一般情况下，亮度和对比度越高，投影机价格越高。因多媒体教室的后期耗材消费主要是投影灯泡，品牌投影机的选用将有效避免投影灯泡购置的困难，保证质量；同时要注意选择高使用寿命和灯泡亮度稳定的 UHP 冷光源灯泡的投影机。

第四，扩音系统。扩音系统的配置需根据多媒体教室的大小、形状及教学声音环境要求选择，应选用无线话筒，利于教师在教学时方便表现其形体语言。目前使用的扩音设备有两类：壁挂式和组合式，两者都具备线路输入功能，能满足相应音源的扩音需要。有的学校多媒体教室使用移频增音器，教师在短距离内脱离了话筒的束缚，但过多地衰减了低频和高频，且扩音效果也不能令人满意。

第五，操作台。操作台应根据设备规格科学合理地设计定制，满足使用的方便性（如教学需用设备接口的安装），并兼顾防盗性。操作台门锁采用电控锁，通过中央控制器实现一键开、关机，即一开即用、一关即走，极大地方便了教师的使用。

单机型多媒体教室在构建中应根据多媒体教学特点采取优化措施，不用录像机、DVD、展示台、卡座等不常用或多余设备，使整个系统简洁明了，利于教学与管理。

2）网络管理型多媒体教室的构建

网络管理型多媒体教室适合于多媒体教室相对集中的区域，根据各学科需要构建功能不同的多媒体教室。该配置与单机型多媒体教室配置的不同在于采用网络中央控制系统，操作可采用网络远程控制和本地控制，增加了监控系统，其相关功能如下：

第一，中控系统。网络管理型多媒体教室采用的是网络中央控制系统，包含教室网络中控和总控软件。该系统高集成度，接口丰富、功能强大。内嵌网络接口，采用 TCP/IP 技术，可通过校园网互联，实现远程集中控制。具备网络、软件、手动面板三种控制方式选择，具备延时功能，防止通断电时对设备的损坏。

第二，操作台。操作台与单机型多媒体教室相同的是也根据设备规格合理地设计定制，满足使用的方便性（如教学需用设备接口的安装），并兼顾防盗性。操作台门锁的开启可通过网络远程控制，也可本地操作，即与中控系统联动的控制锁同时也是操作台的门锁。多种设备联动实现系统的一键开、关机，即一开即用、一关即走，方便使用。

第三，监控点播系统。监控系统的使用利于管理人员远程掌握教学动态，通过相关控制软件使得教师所用计算机屏幕内容与上课音视频同步录制，通过该系统实现即时点播和转播功能。

第四，对讲系统。对讲系统的使用有利于即时发现、解决问题。目前对讲实现方式有多种，如双工对讲系统、半双工对讲系统、电话方式对讲系统、网络 IP 电话方式等。

（二）高校多媒体教室的管理

目前高校教学基本建设不断发展，多媒体教室不断增加，只有不断完善多媒体教室的管理才能保证多媒体教学的正常进行。

1. 管理制度

教育技术与课程整合不断深入，教师使用多媒体教室的需求不断增多，教师的教育技术水平参差不齐，结合实际，制定相应管理制度，规范多媒体教学日显重要，主要考虑以下方面：

（1）多媒体教室设备使用提前预约，统一安排。

（2）教师按操作规程操作平台，不得私自搬动设备和接线，无关人员不得操作多媒体设备。

（3）不得在计算机内设 CMOS 密码和开机密码、修改和删除原有 CMOS 参数及应用软件。

（4）课间休息应关闭投影机电源，以便提高投影机使用效率。

（5）课后教师应按操作规程退出系统。

（6）课后教师应填写使用登记表。

2. 管理系统

管理系统分为多媒体教室教学管理系统和多媒体教室网络控制管理系统。教学管理应由目前普遍使用的人工安排多媒体教室逐步过渡到网上预约，通过开发适合本校实际的多媒体教学管理系统，采取智能化预约，提高多媒体教学的管理效率。

多媒体教室网络控制管理是指通过该系统可在主控室内控制多媒体教室内的相关设备，实现设定功能，并能实时与任课教师交流，保障教学正常进行。目前国内生产多媒体教室网络控制管理系统的厂家较多，比较典型的有北京华讯科技公司开发生产的 WISE 系列、北京中庆现代技术有限公司开发生产的"育港"系列、浙江大学方圆科技产业有限公司开发生产的"鸣泉"系列等。应根据教学实际多方论证，选择适合本校的多媒体教学的系统。多媒体教室网络控制管理系统的实施将使反映问题和解决问题变得更加快捷。管理上的方便、直接和高效，解决了多媒体教室数量增加后，管理复杂、人员紧张的难题。

3. 管理人员

以人为本，明确人才队伍建设对多媒体教室管理的作用与地位。在加强多媒体教室硬件建设的同时，应注重和加强管理技术队伍的建设。多媒体教室管理技术队伍是多媒体教室建设的骨干力量，对保障多媒体教学正常进行及教育技术与课程整合起着重要作用。因高校各学科教师对多媒体技术掌握程度不一，管理人员的任务不仅仅是建设、管理好多媒体教室，同时应根据教师需要担负起多媒体技术培训的任务，更好地为教师服务、为教学服务。

在人员建设方面应逐步引进高学历、高层次人才充实到管理技术队伍中来，改善队伍知识结构。对现有技术人员制订培训计划，定期到国内名校进修，特别重视新技术的学习与消化，提高业务水平和实践技能，以适应技术的发展和多媒体教学的需要。重视和发挥管理技术队伍的作用，用好人才，积极创造条件，调动人员的工作积极性。加强考核，建立人员考核制度，提高队伍的整体素质，造就一支业务水平高、奉献精神强、富有团结协作精神的管理技术队伍，使其为学校教学科研工作做出积极贡献。只有不断优化结构，提高素质，建设高水平管理技术队伍，才能充分发挥现代信息技术的作用；同时，通过多媒体教室的构建，在实践中积累经验，完善多媒体教室建设，更好地为教学服务。

4. 管理方式

多媒体教室使用人员广，操作水平参差不齐，使用频率高。应根据不同配置，采用相应的管理方式，这对优化管理资源显得极其重要。

（1）自助式管理。自助式管理是指教师掌握多媒体技术及设备操作规程后，对所使用的多媒体设备实行自我管理。每学期开学初，对使用多媒体教室的相关教师根据使用教室的设备差异分开进行技术培训，内容为多媒体教室使用规章制度、操作规范以及多媒体基础知识等，培训结束后发给相应的资格证书；并在使用开始一段时间内投入管理人力现场跟踪，记录相应教师的操作能力，有针对性地再培训。对能独立操作的教师核发独立操作证书，对其使用教室采用自助式管理，上课前到规定地点领取相关钥匙即可，设备的开关由教师自行操作。在自助式管理过程中，管理人员应加强对多媒体设备的课后维护，对每次检查结果及时登记备案，发现问题及时解决，保证下次课设备正常运行。

自助式管理适合于相对分散、无法或不适合安装管理系统的多媒体教室。该措施的实施能有效缓解管理人员紧张的局面，当然需要相关职能部门的配套支持。

（2）服务式管理。对于实行网络管理的装有监控系统的多媒体教室实行服务式管理。服务式管理是指教师无须对设备开关进行操作，通过网络管理系统对开课多媒体教室教学用设备在上课前5～10分钟全部开启（投影机、计算机、展示台等设备），教师直接使用设备即可。管理人员通过监控系统全程监控设备使用情况，并在上完课后，检查设备状况并关闭设备与操作台。服务式管理与自助式管理都应在管理过程中加强设备管理，增加巡查力度，做好记录，即时了解设备使用状况、投影机灯泡的使用时间，定时还原计算机系统等。这极大方便了教师的使用，提高了效率，同时体现了管理为教学服务的思想。多媒体教室的构建与管理是一项系统工程，科学、先进、管理规范是多媒体教学的基本保证，管理人员应在实践中不断摸索，及时沟通，以教学为本，加强管理机制，最大限度地保障多媒体教学正常进行，促进技术与课程整合。

二、高校课外学分认证统计信息系统

课外学分，一般称为课外活动，指在正常课堂教育教学之外，根据受教育者的需求和自身的努力以及教育、教学的需要，对教育者有目的、有计划、有组织地在直接或间接的指导下，实现教育目的的一种活动。课外学分是校园最为显性的一个层面。它以学生为主体，包括了文体政经、志愿服务、学术科技、兴趣爱好等内容的多种活动，它是学校教育的重要组成部分，是课堂教学的有益补充，对于不同学科学生来说，通过选择课外活动，可以多学一些本学科以外的东西，不同学科相互渗透，相互交叉，可以使知识不断丰富，融会贯通，对于人才的培养有重要的作用。

课外学分，是我国高校大学生学习生活的重要方面，构成了大学生的业余生活的重要部分，有利于发展学生的特长，激发学生学习的兴趣和积极性，有助于开发学生的潜力和创造性，培养学生分析问题和解决问题的能力，促进学生的全面发展。通过课外学分系统，不仅丰富了大学生业余生活，拓展了视野，提高了综合能力和实践能力，还使学生能够初步了解社会，特别是通过参加学术类活动，提高了专业知识，了解了本领域的前沿技术。同时，课外学分是大学生探索自我、发展人际关系的天地，是生活教育实践的场所，是引导大学生参与社会，塑造健全人格，促进大学生全面发展最自然、最直接、最有效的教育方式。

随着信息化校园、数字化校园的发展，信息系统向着规模化、智能化、网络化的方向发展，高校学生急剧增加，有关学生的各种信息量也在成倍地增长。在这种情况下，仅靠人工来处理学生信息，工作量将很大，用计算机可以将人们从繁重的工作中解脱出来，仅使用一些简单的操作便可及时、准确地获取需要的信息。系统设计的目标就是采用基于项目的软件工程面向对象研究方法，系统实现学生、会议、教室的管理，签到的统计、汇总，报表打印等功能，使课外学分管理工作系统化、规范化、自动化，从而达到提高管理效率的目的。大学生课外学分认证统计信息系统采用（B/S）和（C/S）混合架构，采用自顶向下的开发模式，开发过程主要包括前台应用程序的开发和后台数据库的建立及维护两个方面。系统所要实现的基本目标主要有以下方面：

第一，教室、会议、终端、项目、统计信息的管理（添加、删除、修改等）。

第二，教室、会议、终端、项目、签到记录等信息的检索、统计、报表打印等。

第三，指定教室、指定会议、指定人员参加讲座。

第四，通过刷校园卡实现身份识别、签到，刷卡后显示签到者姓名、照片、学号等信息。

第五，数据通信安全，信息安全，统计准确。

第六，安装简单、操作方便、系统运行效率高。

第七，具有较强的可维护性和扩充性，能够适应用户的业务需求变化。

出于上述考虑，本系统确定的设计采用自上而下扩展、快速原型法开发方法。自上而下先从整体上协调和规划，由全面到局部、由长远到近期，从探索合理的信息流出发来设计信息系统。快速原型法先构造一个功能简单的原型，然后对原型逐步修改，不断扩充完善到最终的系统。此外，为了提高模块的高聚合性、易扩展性，降低模块间的耦合程度，数据库的设计原则是把它作为中间模块，从而既实现数据共享提高模块的独立性，又使系统具有更高的可修改性。

综上所述，课外学分系统为学生德、智、体、美全面发展提供了一个平台，通过课外学分，可以对学生进行思想品德教育，在活动中，加深了学生对思想观点和道德意识的自我认识，调动了学生学习的积极性，激发了他们的求知欲和好奇心，在充分发挥独立自主精神的条件下，扩大视野，提高技能锻炼，使学生将理论知识应用于实际的工作中，培养学生多方面的兴趣爱好，增进身心健康，提高他们在未来的学习、工作中继续探索的勇气。课外学分能引导大学生树立正确的人生观、道德观、价值观，摆正个体价值与社会价值、理想价值与现实价值、道德价值和功利价值等之间的关系，均衡各个关系，实现人生价值，确实地肩负起建设中国特色社会主义的伟大使命，真正实现祖国繁荣富强，人民幸福安康。

第四节　大数据时代教育教学管理信息化建设

科学与创造意识推动着人类社会的发展，在社会的不断发展变革中，教育以及教育体系也随着时代发展而发生着与时代息息相关的变化。大数据信息时代传统教育从教育模式到教学模式再到教学内容都发生了较大的变化。信息化更为我国教育的高速发展带来了机遇，信息时代各种数字技术处理系统和运行软件，大幅度提高了教育体系的管理和信息更新水平。

高等教育机构对于建设教育信息化管理系统概念的提出，有深厚的时代色彩和渊源。互联网时代开启了国内各大高等教育院校与国际间高等教育机构互联互通的门扉，我国传统高校教育模式受到了来自国际上具有先进水平的教育体系的影响。一方面开阔了眼界；另一方面也给国内各高校带来了前所未有的危机感。

如何提升教育管理水平，逐渐接近先进的教育理念，如何利用信息化逐渐完善教育体系，将高校大学生的生活与学习在大数据整合下得到完美的契合，拓宽大学生学习视野，让他们在多元化学习道路上，选择适合自身特点的学习方式，开发个人潜力，是目前各高校都在深入研究的课题之一。移动终端、局域网、5G等技术，可以整合优势信息资源，将教育资源以及院校管理融和在网络平台上，以资源、信息管理共享的模式，体现信息化大数据的优势，是可提高高校教育管理现代化的有效途径之一。

一、大数据时代教育教学管理信息化建设的意义

（一）合理指导思政教学的宏观布局

调整教育管理思路，改变传统管理模式，从宏观上改变学校管理以及教育规划传统布局。客观地引入数字化技术对大学生进行素质培养，并通过建设院校发展数字模拟系统，对院校有计划地进行前瞻性规划，形成长远性的宏观教育理念和发展方向，对教育人才以及受教人才进行点对点的精准管理。调动一切可以调动的教育从业者的工作热情，保证院校系统内信息化更新建构的生成与维护。

（二）加强对基本建设条件的提高

在院校内进行数字化"基础设施"的建设工作。所谓的基础设施就是网络的铺建与覆盖，数字化设备的安装与使用。为了院校能够在园区内不受空间与时间限制地使用网络和数字化设备，就要加强基础设施的建设工作，利用现有技术将信息化技术和设备覆盖教育领域各个单元。偏远地区的网络设施与设备的建设，也应成为信息化技术普及之地，推动网络化和数字技术在教育领域的覆盖率，也是在整体提升教育管理与教育成果。

（三）全面开发教育资源

教育资源不论是在传统教育模式下，还是现代信息化时代，都是培育优秀教育成果的重要环节。尤其是信息化时代，院校领导要重视网络教育资源的建设，保障建设资金

以及建设人才的培植，让更多的教育资源为现代教育信息化服务，以利于培养出符合时代要求的人才。教学中，还要对已有的信息化教育系统进行适时评估，以方便系统的升级改造，适应社会和时代科学技术的发展，并能够更新和完善与教材的匹配度。

（四）加大培养和引进人才的力度

教育信息化不是概念生成，而是由相关的教育人才完成的宏观思想指导下的细节工程。教育人才是信息化建设结构中的各个支撑节点。只有不断充实人才储备和人才培养，才能在不断变化的数字化技术面前处于优势地位。各大院校要制定出相应的人才招聘与培养制度和长远规划，将人才信息库与院校教育资源结构进行匹配，充实力量相对薄弱的科系。

（五）构建大数据教育信息化的管理平台

互联网以及互联网＋技术不断成熟，在社会各界已得到广泛普及，也让各高校领略到了数字技术在教育教学中的便捷性和实用性，因此，各高校都在各自的园区内建设起多个数字化应用平台。例如，院校管理体系、学生管理体系这些数字化系统的建成，简化了工作流程，减轻了相关人员的工作压力，提升了工作效率。为了更好地利用大数据和管理工作产生的数据，就需要利用大数据相关应用维护技术，将各种信息整合在一个平台上，提升数据应用和分析的准确率。

（六）实时利用数据管理软件整合教学资料

大数据给学生与教师都带来了学习与工作的便捷，很多学校建立了数据平台，通过数据分析不断进行教育资源调整，显著提高了教学成果优化和管理体系的工作效率。数据采集以及分析可以不受时间限制，与已有数据进行对比分析后，能够得到供院校领导和科系教师精准总结管理经验几教学成果的资料，并有针对性地进行整改，为学生提供更优质的教育资源和管理，能够促进学生学习成绩的提高。大数据整合出来的信息还能为学生提供学习与就业上的帮助，为从事相关管理工作的人员提供工作方向的指南。因此，应用数据系统工作的管理人员与教师应不断加强自身业务能力和素质培养，掌握和熟练使用数字化处理系统，院校应在此方面定期组织学习培训，最大程度提高数据处理系统的利用率和数据分析的准确率。

二、大数据时代教育教学管理信息化建设的策略

（一）提高教育教学管理信息化的重视程度

"现行教育体系下，信息化、数字化是发展的必然趋势，管理人员应充分认识到新教改中大数据应有的必要性和可行性，要不断完善信息化系统建构，将教学需求和学生

学习需求放在工作的第一位。"①结合传统教育模式工作中的优势节点，将信息化技术落实到教育领域的各个环节，并制定出相应的信息化采集系统和分析系统。还需要高校各部门加强合作，实现跨部门的数据处理执行能力。院校应在资金方面予以支持和保障，为建设更加先进的信息化管理系统以及已有系统的升级换代等做好准备工作，逐步解决信息化管理系统单一性和一元化现状。

转变教育思想，将大数据运用观落实到工作细节中。信息化时代的特征之一就是信息的高速传递和传播以及信息共享等。将大数据以及数字技术应用到教学和教学管理中，就是在整合各方面数据的基础上，经过分析处理优化教育管理方案，具有传统教育管理模式不能做到的事无巨细的特点。同时，要加大信息化教育管理工作的宣传力度，加快建设和完善院校信息化处理能力工程的铺设进度。完备的现代化教育信息化管理体系，能够彻底改变现有教育管理现状，紧跟时代需求，将院校与社会、学生、教师等连接在一起。要彻底实现教育信息化，就是要发动全体教职员工的工作积极性和创造性，营造出符合本院校文化的教育信息化语境，彻底推动教改工作向信息化，创新模式方向的转变。

（二）完善教育教学管理信息化的保障机制

根据本院校教育资源以及校园文化特征等，精准定位本院校的信息化方向。对即将运行的信息化系统进行方向性确认和审核，以保障在运行中能够安全、便捷地为教育管理服务。高校要实现教育信息化管理，就必须要建立相关的规章制度，从法律、法规方面对教职员工进行业务培训和业务行为约束。使他们能够按照规范化操作从事教育管理工作。避免因怠工和技术不过关导致相关部门间的合作出现推诿扯皮，以及对接时的工作事故的发生。各高校应深入研究当前社会生产力与大数据之间的关系，保障信息化管理系统安全运行。然后，要在信息化构架中，适时升级硬件系统和网络安全维护，为不断运行的工作提供技术性支持，为顺利开展工作提供保障。高校应加强网络安全意识，在局域网和开放网络之间建设高级别的安全防火墙。最后，要在运行中不断完善制度化建设，在专业平台和信息化管理平台应用上建立管理制度。细化各部门的业务分工，将责任制落实到每一个教职员工身上，提高工作效率，提升大数据分析处理能力。运用大数据系统工程为教育、教学提供强大的技术支持。管理与监督要双规并行，及时做好各职能部门的沟通与协调工作，为院校创造良好的教学环境，满足日益增长的业务需要。

（三）构建教育教学管理信息化的评价系统

首先，大数据应用平台建设，在互联网＋技术的支持下，数字化可以覆盖整个院校

① 王岩，黄睿彦，刘莹，等．大数据时代高校教学管理信息化建设[J]．山西财经大学学报，2021，43（S2）：101.

园区，更能在联网的语境中，与社会接轨、与世界互联。高校信息化管理团队以及院校领导要定期对所建设、使用的系统进行评估，以确定其安全性和稳定性，并利用所采集的信息对学生学习过程和成果进行数据分析，完善信息化系统的应用性。其次，要优化数字化系统使用程序。简化各种工作流程，更好地应用大数据分析处理系统，提高信息化平台的应用率。教学信息化应用系统能够及时反馈各种与教学相关的信息数据，通过与历史数据的对比和分析，就能够准确地评估教学成果和教育管理现状，可以让院校有针对性地采取相应措施和改革。

综上所述，高校的任务是培养人才，为社会、为国家储备人才力量。因此，加强院校时代感建设，将现代化、信息化技术引进和介入教育管理中，构建适应现代教育语境的高校教育大数据管理系统势在必行。

第八章　高校教育教学管理创新实践

第一节　高校教育教学管理的科学性方法

一、高校教育教学管理的调查研究方法

所谓调查研究方法，是指根据解决问题的需要，深入实际，通过访谈、会议、问卷、追踪、抽样、寻查等方式去获取信息，并由此进行分析研究，以探索事物本质及其发展规律的一种方法。通常所说的调查研究，包括认识的两个阶段：调查是感性认识阶段，是指运用科学的方法，以一定的研究目的，从现实生活中搜集社会事物的有关真实资料的感性认识活动；研究是理性认识阶段，是指对调查得到的资料进行逻辑加工，对社会事物做出描述和解释的理性认识活动。调查研究方法是社会科学研究与管理决策的基本方法之一，也是高校教学管理的一种重要方法。

（一）调查研究方法的分类

调查研究的方法有很多，根据高校教学管理的特点，调查的类型可作不同的划分，如按调查所要求结果的不同，可分为现状描述性调查、因果性调查和预测性调查等类型；按调查范围的不同，可分为校内单位调查、全校性调查和社会性调查等类型；按调查规模的不同，可分为全面调查、典型调查、抽样调查等类型。常用的有以下几种：

第一，开会调查法。针对要研究的问题，按照调查纲目，开调查会，是了解情况、搜集材料的基本方法。如果单纯地靠听说，虽然也能了解到某些情况，但只能是表面的、零碎的信息，是得不到完全信息的。召开调查会，邀请一些熟悉调查问题的人进行座谈讨论，让大家充分发表意见，对问题的了解就会比较透彻，而且获得的材料也比较全面可靠，有时还可能找到解决问题的办法。但这种方法，要求调查人员具有较高的水平，并在会前要做好充分准备。

第二，问卷调查法。这种调查方法是调查人员将调查表送交或函寄给被调查人，说

明填表的要求和方法，由被调查者根据实际情况，按照表中栏目自己填写，然后由调查人员统一审核和统计分析。这种方法可以取得第一手研究资料，并能节省人力和时间。但是，这种方法要求被调查者具有较高的文化素养和积极配合的态度，否则难以保证调查结果的准确性。

第三，个案调查法。个案调查法是为了解决具体问题而选定一个具体对象所进行的调查方法。个案调查的内容有两个方面：一是全面的现状，对现在的状况进行全面调查，尽量做到各个方面的情况都能齐全：二是历史的情况，也就是对它产生、发展和变化的全过程，都要有全面了解。在个案调查中，选择怎样的对象，是由调查目的决定的，这些对象可以是个人、团队、班级、单位等。

第四，抽样调查法。为了反映由众多的个体组成的事物总体情况，一般都采用抽样调查的方法，它是一种从调查对象的总体中抽取一部分单位作为样本，并从样本中调查所得到的结果推论到总体的方法。一方面，要了解每个个体，在技术上存在着一定的困难；另一方面，如果样本比较客观，推论总体合乎逻辑，那么抽样调查的准确性还是比较高的。在高校教学管理中，常采用抽样调查方法，如抽查教师的教案、学生的作业和考试的试卷等。

第五，个别访谈法。个别访谈法是指调查人员通过对被调查对象的个别访谈（包括面谈和电话访谈）。记述并取得资料的方法，它的优点是由于调查人员对调查项目有统一理解，能按统一的口径询问和取得资料，但需要花费较多的人力和时间。

第六，文献调查法。在确定要研究的问题题目后，都要进一步进行调研，实际上就是指运用文献方法，了解本课题的国内外研究现状。也就是从有关的文献中，查阅关于本选题的研究进展情况、各种观点、关注的研究领域、争论的问题、发展的趋势等，由此来确定自己的研究方向。

（二）调查研究方案与的内容步骤

调查研究是一项复杂而严肃的工作，为保证其顺利进行，就必须制订调查研究方案。调查研究方案的制订一般包括以下内容和步骤：

第一，明确调查研究的目的。调查工作要了解哪些情况，希望解决哪些问题，都必须具体明确。

第二，合理选择调查研究的对象。调查对象是获取信息的信源，选择的调查对象一定要符合调查目的要求，具有代表性和普遍性。

第三，确定调查研究的项目。项目即问题，确定项目既要考虑需要，又要考虑可能。项目的表述必须明确，要使答案具有确定的形式，不能让被调查者产生歧义或感到模棱两可。

第四，确定调查研究的方式。调查研究的方式有很多，应根据不同目的、内容和要求，确定与其相适应的调查方式。

第五，做好调查的准备与组织实施工作。在准备好调查提纲和各种调查表、统计表、调查工具等之后，要进行思想动员，使每个调查人员都明确调查的目的意义及调查计划所涉及的各种要求，然后加以组织实施，以获得事实性资料和可靠的信息。

第六，对调查中获得的各种信息进行整理和分析。经过分析和研究，去伪存真，从中得出规律性的认识和有价值的结论。

二、高校教育教学管理的行为科学方法

高校教学管理系统是一个以人为主要因素的系统，教师、学生、教学管理人员等人的因素在系统中起着决定性作用。教学管理的各项活动、管理过程的各个环节，都要靠人去实施和调控；教学管理的资源（人、财、物、时间、信息等），也要靠人去合理运筹和配置，所以，做好人的管理是做好教学管理的核心。人的作用是通过其行为表现出来的，对人的管理，就是要对人施加影响来调节人的行为，调动人的积极性和创造性。因此，行为科学的方法是高校教学管理的一个很重要的方法，它有着其他方法不可比拟的优势。行为科学方法中最常用的方法有物质激励法和激励法。

（一）物质激励法

需要层次理论指出了人的需要是从低级向高级发展的，物质需要是人的最基本需要。所谓物质激励，是指学校管理者按照物质利益的原则，运用各种经济和物质手段激发组织行为动机，引导和调整师生员工之间的物质利益关系，调动他们工作的积极性。

采用物质激励法，必须根据师生员工的工作实际状况和实际成绩，按照按劳分配、优劳优酬的原则，运用各种物质利益手段，激发师生员工的教学行为动机，以提高教学的效率和质量，促进教学管理目标的实现。

由于师生员工在物质利益方面的追求和欲望是多样化的，每个人的活动性质和内容也不尽相同，因而用物质激励法来调节、刺激师生员工的方式也呈现出多样性，包括工资、福利、津贴、补助、课酬、奖金，以及其他形式的物质性奖励。学校可根据具体情况设立适当的奖罚方式，实现物质激励方式的多样化和灵活性，如：打破薪酬分配的平均主义大锅饭，按照职称等级和工作绩效量化薪酬管理，拉开收入差距，并大力奖励业绩突出的教师。

（二）精神激励法

一个人的行为目的，总是直接或间接地为了实现某种需要的满足，而为满足这种需要去从事某种活动的念头或想法就是动机。动机是引起、维持人的某种行动，以达到预定目的的愿望或意念，动机支配着人的行为。采用精神激励法，可以有效激发教师的行为动机，调动他们的工作积极性。

1. 注重情感激励

要做好师生的思想教育工作，教学管理者必须避免过多的行政干预给他们带来的压抑感，而应与之进行思想情感的交流，用情感激励的办法满足师生的情感需要和精神追求，通过情感的力量和良好氛围的营造，唤起师生投身教与学的主体意识和热情。

2. 注重目标激励

人对实现某一目标的欲望，是由预期目标的价值、实现后的满足度，以及对它的喜爱、重视和追求程度决定的。一个人工作上的"成就感"、职务上的"责任感"和对未来的"期望感"等因素，从根本上决定着人们对工作目标的追求程度和满足程度。因此，高校教学管理者在实施目标激励时，要注意做到：第一，根据教师的能力和兴趣点，合理制定目标，如果目标太高而无法达到，就不会产生很强的激励作用。要注意把学校整体目标与教师个人目标相结合，尽量让教师参与到学校的目标中来，使其产生强烈的认同感和归属感。第二，教学管理人员不得随意干预教师在实现目标过程中的活动，而要努力为教师创造一种有利于他们实现目标的环境条件，减少和消除他们在教学工作中遇到的种种困难和障碍，以激发教师的责任感，提高他们的工作效率和实现目标的可能性。第三，对于不同的教师，要尽可能做到用其所学，做其所长，并根据教师的工作成绩建立奖励制度，以强化教师的工作成就感，促使他们主动地改进教学，为实现教学目标而努力工作。

3. 合理运用负面激励法

目前，高校教学管理中的激励形式局限于表扬、奖励等正面激励，而少有批评、惩罚等负面激励。虽然正面激励具有明显的导向作用，但如果缺乏有效的约束机制，即负面激励，教师工作的积极性就难以得到充分调动。因此，高校教学管理要将正面激励与负面激励相结合，做到双管齐下，有奖有罚，通过表扬、奖励来肯定和强化教师正确的思想动机和良好的行为表现，通过批评、惩处来否定和纠正他们的错误动机及不良行为。例如，在教师聘任制改革方面，要按照公开招聘、竞争上岗、分类管理、奖优汰劣的原则，逐步形成"能上能下、能进能出"的人才流动局面。

三、高校教育教学管理的思想教育方法

思想教育方法是高校教学管理的重要方法。高校教学管理中的思想教育方法，又称思想政治教育方法或宣传教育方法，它是指高校教学管理者凭借精神和情感的力量，运

用教育心理学的规律和思想、观念的宣传方式，对学校成员的思想认识、心理特征和行为表现产生影响的管理方法。

（一）思想教育方法的内容

思想教育方法涉及的内容是多方面、多层次的，其中最主要的是理想信念和道德情操两方面的教育。具体而言，思想教育方法就是以理想信念教育为核心，以思想道德教育为重点，运用思想教育方法和心理学理论，教育、引导和动员广大师生员工，提高他们的思想觉悟，培养他们正确的价值观念、良好的职业道德和高尚的情操，使他们自觉自愿地奉献于社会主义教育事业。

（二）思想教育方法应注意的问题

思想教育工作是一项复杂的系统工程，在高校教学管理工作中，想要正确运用思想教育方法做好师生的思想工作，教学管理者必须注意以下方面：

1. 思想教育工作要注重科学性

要坚持以人为本，尽量排除那些不合情理的言行，以正确的思想、科学的方法、严肃的内容来改造人的思想意识和世界观、价值观，让思想教育工作贴近实际、贴近生活、贴近师生，努力提高其吸引力和感染力。思想教育工作还要讲究方法的科学性和灵活性，要善于变换形式、变换人员、改变环境、改变方式、转换工作角度，并交叉变换使用语言沟通、信息交流、帮助解决实际工作和生活中的困难等多种方法及形式，以达到最好的思想教育效果。在当今网络化时代，教学管理者还要善于使用校园网、短信平台、腾讯 QQ 群、博客等方式，加强与师生们的沟通和交流。

2. 思想教育工作要注重民主性

在具体的运作过程中，要相信师生，既要充分发挥学校教学管理人员和党团组织的教育引导作用，又要充分调动广大师生的积极性和主动性，引导他们自我教育和自我管理。反对"填鸭式"、说教式的方式，尽可能地采用和风细雨式、商量式、启发式等民主、平等的方法。要坚持民主原则，以一个平等的姿态来面对师生。同时要给对方说话的机会，倾听对方的意见和心声，这样才能产生情感上的共鸣。

3. 思想教育工作要注重艺术性

所谓艺术性，一是要讲究技巧，要仔细了解和认真研究工作对象的情感、情绪、理想、信念、爱好、特长、利益等各方面的情况，做到心中有数、有的放矢，提高沟通水平和教育效果；二是要正确运用语言，做到诚恳、和善、耐心、确切、简明，使谈话真正成为打开人心灵之锁的钥匙；三是要把握好时间，注意分寸，切忌亡羊补牢，但也不能操之过急；四是要注意选择恰当的场所和地点，让对方能放松情绪，消除戒备和紧张心理；五是要巧用批评的艺术，针对不同的事和不同的人，分别采取公开式、个别式、商讨式、婉转式、严厉式、分步式、谅解式等方式进行批评，使教育工作对象能更加奋发向上。一般而言，具有艺术性的思想教育方法，可使教育显得生动活泼，容易缩短双方的心理距离，缓解情绪上的排斥和逆反心理，达到事半功倍的效果。

4.思想教育方法要注重针对性

大学生处在世界观、人生观、价值观发展的关键时期，在社会转型、思想多元、技术变革的当今时代，他们的思想特点都表现为：习惯于独立地思考问题，以自我为中心；善于运用网络，信息灵通，勇于接受新事物；价值观多元化；逆反心理较强，意志力较弱，抗挫折能力差；考虑问题的角度较片面单一，处理问题的方法不够成熟，容易偏激。因此，学生管理与思政工作者要在全面认识当代大学生的基础上，开展有针对性的思想教育工作，在学生管理上多采取柔性化管理，而不要简单地靠行政权威来进行管理。大学生即使处于相同的环境与条件下，由于其自身情况的差异，所表现的思想问题也不尽相同。因此，教学管理与思政工作者还要根据学生不同的情况和现实思想问题，采取不同的方式加以解决，做到对症下药、灵活处理。

总而言之，在当今时代条件下，师生的思想教育工作是有难度的，这就要求教学管理工作者不断地提高自身的综合素质和思想修养，积极探索新形势下思想教育的新途径、新办法，用科学的方法管理师生，用优质的管理服务师生，用敬业的精神感染师生。

第二节　基于人工智能的教育教学管理创新

随着科学技术的不断发展与普及，人工智能技术逐渐成为推动社会经济发展的重要驱动力，已成为我国的重要发展战略。人工智能技术作为各领域与学界的前端技术，促使人们步入了人工智能时代，推动了生产力的变革，为行业发展提供了新的方向。高校在教育改革中起到引领作用，是深化教育改革的关键作为，高校在教学活动中要时刻关注社会对人才的需求点。因此，高校教育要迎接这一行业变革，结合时代发展背景积极创新教育教学管理，探索出培养创新型人才的有效途径，培养出符合社会发展需求的人才，为大学生未来发展奠定良好基础。

人工智能这一理念的提出是在电子计算机技术出现之后，是以信息技术为基础，用于模拟、延伸人类智能的理论与技术，其英文缩写为 AI（Artificial Intelligence），

Artificial 代表了"人造"，是指以人工思维为引导经过加工制造出的技术或东西；Intelligence 代表了"智能"，是指自我意识、思维等要素。因此，可以将人工智能理解为以人类思维为引导，让机械与机器像人类一样完成智慧工作、产生智能行为的过程，它是研究计算机模拟人类智能行为的技术，通过研究人类的思维过程实现计算、制造的智能化，是计算机能够完成更高层次的运用。当下阶段的人工智能技术可以被认为是以计算机硬件为基础，以人类编写的程序系统为载体，帮助人们完成制造、操作等工作的技术，实现了在家庭生活、学校教育等各领域的应用。

一、基于人工智能的教育教学管理创新意义

（一）促进高校教育教学的培养规格提升

人工智能技术的发展带动了传统生产方式与人们生活工作方式的转变，教育教学在此环境也不可避免地受到了影响。在高校教育教学中，教学信息得以指数式增加，传统教学管理工作难以承载庞大的教学信息，知识体系与知识容量难以有效适应迅速发展的需求，将人工智能技术引进管理工作中，一方面，可以丰富现有教学内容，引进专业对应行业的先进技术知识、前端技术信息等内容，体现教学活动的时代性，促使大学生可以有效满足信息社会的技能需求；另一方面，可以有效保障管理工作质量，人工智能技术的运用可以使管理工作更加高效，简化了教学管理流程，让管理人员在工作中更加公正与透明，让师生、家长等力量参与其中，使教学管理受到外界力量的监督，做好服务工作。

另外，人工智能技术与教学管理的有机结合，有助于促使管理人员具备良好的创新精神，在实际工作中要想将人工智能技术更好地融入教学管理中，需要建立对技术相关信息的深入认识，并对实际应用有明确的方向与规划，探究智能化技术在教学与管理中的应对对策等，以此满足学生对人工智能的具体需求。总而言之，人工智能技术有助于促进高校教育教学培养规格的提升。

（二）推进高校教育教学的管理模式优化

传统教学主要以班级授课为主，此模式虽然可以缩短人才培养时间，较快完成教学任务，但缺少对学生主体地位的凸显，对学生个人的成长与发展造成一定影响，无法有效平衡学生个体与班级团体之间的关系。"将人工智能技术引进教育体系中，能够推动管理模式的优化，让教师可以结合智能数据与信息分析教学现状，以此为依据调整教学内容、教学手段等，同时还可以推动教师角色的转变，促使其向引导者、组织者角色转变，

这样不仅可以为学生提供良好的教育服务，还可以为教学管理模式优化贡献力量。"①

（三）推动教育教学的人才培养体系完善

高校将人工智能技术引进教学活动与教学管理工作中已成为现实，使得教师可以通过技术进行课前准备、讲授课程等，学生可以通过技术进行自主学习与个性化学习等，高校可以通过技术实现人才培养体系的丰富与完善，使得高校教育教学管理更加智能化与精准化，这样才能推动教育教学管理效率的提升，向社会输送更多的复合型人才。

二、基于人工智能的教育教学管理创新路径

（一）革新教学管理理念，引入智能化系统

随着人工智能技术的迅猛发展，当前，高校教育教学管理工作的智能化已经成为高校管理工作的主要发展趋势。将人工智能技术融入高校教学管理工作中，能够有效推进管理工作效率和质量的有效提高，对于高校的长效发展具有积极意义。但是，当前高校相关管理人员的管理理念还停留在传统的信息化阶段，对于智能技术的应用度不足，智能化系统的构建还存在一定的问题，影响了教育教学管理工作的智能化进程。对此，应该积极转变高校教育教学管理相关人员的管理理念，积极在校园内宣传人工智能，通过相关的智能管理培训，使其正确认识智能技术，树立"人工智能+"意识，积极将智能技术融入日常教育教学管理工作当中，为后续的教育教学活动的有效展开奠定基础。相较于以往的信息化管理模式，智能技术支撑下的教育教学管理工作应该更加具备人性化，通过简化一些重复性、机械性的繁杂工作，以实现工作效率的进一步增强。

在智能化系统的引入和构建中，首先，学校要从自身的发展出发，立足于学校教育教学的实际情况和自身需求，引进智能化教学管理系统，在智能技术、大数据技术以及信息技术的新兴技术支持下，进一步提升教育教学管理工作效率，以信息化、智能化的操作标准，以技术替代传统的人工处理模式，降低人工原因导致的工作失误。其次，应该积极完善高校内部的数据资源体系，针对学校现有的数据进行充分的采集、收录和分析，构建完善的数据资源库，并依托这些反映学校真实情况的数据资源，为教育教学管理工作提供有效参考，提升数据的利用效率。此外，借助智能化系统，可以有效实现学校各类信息的有机联结，并展开深入的数据挖掘，为师生用户和高校管理人员提供全面、深化的服务。

（二）强调教学管理实践，优化教育的质量

高校的教育教学管理工作是高校教育教学中的重要环节，其主要目标就是为社会培

---

① 李效宽，王文平.人工智能背景下高校教育教学管理的创新发展[J].科技资讯，2022，20（9）：188.

育符合新时代发展的知识人才以及应用人才。就此而言，在人工智能背景下，学校必须要重视教学管理的实践，积极迎接新时代的挑战，不断创新教育教学管理模式，并积极落实，以达到教育质量的提升和优化效果，促进高质量人才的培育。

在实际的教育教学管理过程中，高校应该遵循"精益思维"展开管理实践。一方面，要针对学校的具体专业教学情况以及学生的基本特征，将人工智能系统的功能实现最大化利用，依托智能化系统开展多样化的教学管理活动；另一方面，需要在智能化系统和大数据技术的支持下，针对学校的具体发展方向及专业设置，在课程设计、教学内容、教学活动以及教学方法等方面展开精益分析和实践探索，不断提升高校的教育教学质量和教学水平，实现学生专业水平和各项能力的全面提升，强化人才培养。

学校应该积极构建智能化教学平台，借助人工智能技术，将互联网中的大量学习和教学资料进行有效整合，进一步丰富学生的学习资源以及教师的教学资源，为高校师生提供优质服务。师生可以借助智能化的教学平台展开各类资料查询，除了微课、课件、电子课本等基础学习资源外，还可以查询一些与专业课程相关的课外图文资料或音视频资源等，帮助学生进一步拓展学习视野。此外，教师可以借助智能化教学平台，优化课堂教学形式和教学活动，借助其资料上传、资源查询、线上测试、大数据分析等功能，进一步优化线上教学模式，增强学生的学习主动性，实现教学效率的有效提升，优化教育质量。

（三）构建新型管理队伍，提升人员的素养

在新时代人工智能的应用背景下，高校教育教学管理模式发生了较大的变化，这就对高校的相关管理人员以及教师提出了新的能力要求。在人工智能背景下，不仅需要高校教育教学管理人员具备一定的统筹管理能力和基本的职业素养，还要求其具备人工智能技术的应用能力，不断提升自身的专业素养，能够灵活利用智能化的系统、设备等开展教育教学管理工作，推进教育教学管理工作智能化的进程。

首先，高校应该针对教学管理工作人员展开积极培训，针对人工智能、智能化管理系统、智能化教学平台等方面的应用展开实践培训，让相关管理人员及教师充分掌握人工智能技术在教育教学管理工作中的应用重要性，并灵活掌握其应用特征，提升其人工智能技术的操作能力，为后续的工作展开奠定基础。其次，高校应该加强教育教学管理相关工作人员的聘用要求，构建一支新型的管理队伍。在进行队伍组建时，不仅要对相关人员的专业能力、学历水平进行考核，还要对人员的创新思维、信息素养、职业道德等方面进行一定的考核，保证管理队伍成员整体素养保持在一个较高水平，不断提升管理队伍的专业能力，保障工作效率和工作质量，使人工智能技术能在教育教学管理工作

中得到最大限度的发挥。

（四）合理规划教育工作，增强管理的水平

对于高校来说，要想实现长效发展，必然离不开科学的教育规划，教育规划工作同时也是高校教育教学管理工作中极为重要的一部分。在人工智能背景下，高校还需要合理规划教育工作，进一步增强管理水平。对此，首先，高校要针对学校的具体发展情况和学校的特色专业展开科学规划，保障学校的整体教育工作规划能够严密贴合学校的办学目的，满足学校的发展规律。在人工智能背景下，就可以借助智能技术对现代社会产业的影响，及时调整高校的专业设置和课程设计，保障学校教育工作的与时俱进，促进应用型人才的培育。其次，在人工智能时代背景下，学校还应该积极联合当地企业，结合当地的经济结构展开合理的教育规划，使得高校的人才培养能够更好地满足区域的人才需求。

（五）创新人才培养体系，推动教育的改革

基于人工智能背景下，创新人才培养体系也是新时代高校教育教学管理工作的重要内容，需要依据当前的市场现状及新时代人才的培养规律，不断优化高校的人才培养体系和教育模式，推进高校应用人才的有效产出。

人工智能背景之下，高校可以联合政府、企业、行业、科研机构等多方主体，协同展开高质量的人才培养，也就是由科研机构引领人才培养的方向，由政府做好多方之间的协调工作，高校等教育单位在这一过程中需要做好牵头作用，依托行业协会结合时代发展需求制定的相关人才培养标准，进一步融入人工智能技术发展代表企业，以此来构建出高校的人才培养体系，促进学生全面发展。在人才培养体系的构建过程中，高校是其中的实践单位，必须要由高校来对这一系列的人才培养措施及教育模式进行实践落实，进而推动教育改革，实现社会应用人才的高质量培养。

第三节 "互联网＋"背景下的教学管理模式创新

"互联网＋"是互联网与各个传统行业的融合，而不是两者简单的相加。本质上"互联网＋"就是利用先进的信息通信技术和互联网平台，促进互联网与传统行业产生深度融合，创造出新的发展生态，它代表一种新的社会形态，即充分发挥互联网在社会资源配置中的优化和集成作用，将互联网的创新成果深度融合于经济、社会各领域之中，提升全社会的创新力和生产力，形成更广泛的以互联网为基础设施和实现工具的经济发展

新形态。

　　"互联网＋"有如下特点：（1）跨界融合，创新驱动。互联网与传统行业的跨界融合，其实就是一种变革，也是一种创新。传统的粗放型资源驱动型增长方式已经难以适应当前社会的发展，而以创新驱动发展的理念才能契合时代发展的要求。"互联网＋"正是利用互联网的思维来实现产业的变革和创新。（2）重塑结构，平等相待。互联网的出现打破了原有的经济结构、社会结构，规则在不断发生变化。在互联网世界，人与人之间是平等相待的，即便彼此互不相识、远隔万里，可以自由地实现交流、交往和交易。（3）开放生态，资源共享。互联网的世界是没有时间限制和地域限制的，这种开放精神既可以体现在物理时空上，也可以体现在思维空间上。互联网的开放生态已初步形成，各类信息与资源可以实现共享、整合、互补，进而实现共赢。

　　"互联网＋教育"是利用互联网平台和先进的通信技术，深度融合现代化技术和教育教学的过程，为其创造和发展带来新的教育生态环境。事实上，"互联网＋教育"就是建立一个跨校区、跨线上线下的知识传承空间，从教室内走向教室外，从单一学校走向多校联通，从计划性教学走向自主学习的过程，最终形成"无限教室、无限资源、无限联通"的在线教育模式。（1）以学习者需求为导向。在当今"互联网＋"背景下，受众的自身体验受到特别重视，因此，"互联网＋教育"以学生为主体，把学习者体验放置首要位置，借助于大数据、云技术、物联网等现代信息技术的发展，学生可以在任何时间、任何地点选择任何课程进行学习，并且自主掌握学习进度，这为教育领域带来全新的体验，充分体现了自主学习的特点。（2）优化教育的互动模式。"互联网＋教育"打破了传统的单向课堂教学授课模式，重组并优化师生之间、教与学之间的关系。在"互联网＋"的背景下，学生可以自由地表达自己的观点，老师可以随时监测到学生的学习状况，师生之间的沟通不再是简单的问答形式，而是深刻的、全面的、科学的交互模式。

一、"互联网＋"对高校教学管理模式的影响

（一）改革教学领域

　　作为互联网与高等教育融合的产物，以 MOOC（大规模在线开放课程）为代表的网络课程在高校教学领域引发了巨大变革。MOOC 作为涌现出来的一种在线课程开发模式，其课程及教学模式打破了教育的时空界限，让学生可以不再局限于学校的学习。学生的考勤、教学活动开展、师生的交流、作业的提交都可以在网络上进行。学生获得知识的方式也慢慢转移，从被动学习变为主动学习，学生能更为自由地表达自己的观点，积极分享知识与经验，与教师关系更加平等、密切。目前很多教师都在实践线上教学与线下课堂教学相结合的翻转课堂模式，学生在线上自主学习课程知识，再回到线下将学习中遇到的

困难疑惑在课堂上交流，教师点拨解惑。学习不再是传统的灌输式、填鸭式教学，而是灵活、自主的教学。

（二）创新科研领域

开放式协同创新将成为"互联网+"时代高校科研的趋势。高校通常都是根据学科、专业种类来设置院、系，学科之间泾渭分明，各学科之间科研人员的研究也是各自为政，形成封闭的小圈子。"互联网时代的到来可以打破学科和科研发展之间的割裂状态，以横向力量切入，突破组织机构、地域、行业的边界，促使科技创新组织模式转变为日趋扁平化、网络化的横向分布式协作模式，每个研究者既是独立分工也是通力合作的关系，共同协作，打破以往闭门造车的状态，帮助科研创新迈向开放形式。"① 研究者来自不同领域，以分布式方法共享知识和信息，研究不再拘泥于封闭的小圈子，学术视野更为开阔，在学科交叉融合部分涌现创新。高校通过吸收各方参与的力量和协同创新精神，实现跨部门、跨领域、跨区域、跨行业的协同创新，为社会贡献力量。

（三）服务社会领域

随着互联网的快速发展壮大，人们越来越意识到高校教育服务社会功能的重要性。传统的科技成果转化较多采用直接的技术转让、校企合作转化、大学科技园、技术转移办公室或中心转化等模式。但是传统科技成果实用性低，与市场需求存在差距。在"互联网+"背景下，高校科技成果转化有效运用了互联网思维模式，促进了互联网和高校科研成果有机融合，通过现代化的技术精准定位市场需求，并进行科学研发，促进高校科技成果转化，打通高校科技与经济发展的通道。一是利用"互联网+"精准定位科技转化成果供需双方的需求；二是"互联网+"能够为高校科技成果转化提供信用和评价服务；三是利用互联网大数据对高校科技成果转化中的海量信息进行汇总、分析和判断，从而为科研提供参考。

二、"互联网+"下教学管理模式的创新路径

在高校教学管理工作中，要充分运用当前"互联网+"的优势，根据学生发展需求，积极推进教学管理模式的创新，实现教学理念、教学模式、教学方法等因素的改革，从而推进"互联网+"背景下高校人才培养质量的提升。

（一）转变思想，建立以学生为中心的教育教学模式

理念创新是高等教育管理模式创新的向导，也是高等教育管理改革的必然选择。"互

---

① 周敏."互联网+"背景下高校教学管理模式创新及启示[J].安徽开放大学学报，2021（4）：71.

联网+"的发展模式已经在多个领域体现出巨大的优势，高校应积极顺应时代潮流，紧抓发展机遇，不断创新教育教学手段，以学生的个性化发展和综合素质的提高为目标创新教学管理模式。因此，高校要积极转变思想认识，以学生为中心，保障学生在教学过程中的主体地位，构建新型的教学管理模式。可以从多个方面落实教学育人的目标，例如加强教师的专业发展，促进教师从原先的主体地位向主导地位转变，利用互联网技术实行多样化的教学模式，开展深度的教学互动，激发学生的内在动力和积极性。以学生为中心的教学理念让高等教学管理更加人文化。

（二）依据"互联网＋教育"平台，重构教学管理环境

在"互联网＋"背景下，高校可以建立以大数据分析为基础的新型管理模式，从而摆脱过去对主观经验的依赖。大数据的开发与利用是依托在"互联网＋教育"平台基础之上的，"互联网＋教育"平台的运行可以让教育管理者及时准确地获取学生在学习、生活、安全、体育、德育等方面的动态数据，通过对数据的跟踪、监测、分析、反馈和共享，实现教育管理各个环节之间的协作共通，有效降低了教育管理的各项成本，改善了传统教育管理工作中信息闭塞的状态，为教育管理者的决策提供数据支持，重构良好的教育管理环境。

（三）创新高校教育教学方法，引入混合式教学模式

混合式教学是"互联网＋"时代的一种智慧教学手段，是当前高等教育改革的热点。"互联网＋"带来的现代化信息技术手段突破了时间和空间的限制，将线上学习与线下学习充分融合，教师的教和学生的学不再局限于传统的课堂教学，这便形成了混合式教学模式。在混合式教学改革实践中，教师精心的教学设计、深度的教学互动，有效提升了学生的自主学习能力，体现了学生的主体地位。同时，教师通过线上平台可以随时监测学生的学习动态，了解学生的学习进程，从而优化并完善整个教学过程。

（四）提升教师专业发展，培育教育教学管理队伍

教师是高校教学管理工作的具体执行者，高校应高度重视教师教育理念的与时俱进，定期强化教师教育培训，提升教师专业水平，同时还要发挥科研部门、教师能力发展中心、教研室等职能部门的作用，转变教师传统的教育观念，从根本上意识到"互联网＋"背景下教育管理理念变革的重要性，构建科学的知识体系，掌握现代化信息技术，加强综合管理能力，从而促进教师素养的全面提升。例如，针对骨干教师开展针对性的综合培训，提高教师适应新型教育管理环境的能力。培养集技术、知识、方法于一体的综合素质人才，并利用建立先锋榜样的形式突出榜样的积极影响作用，培育完善教师教育管理队伍。

（五）完善教学管理制度，保障教育工作有序运行

制度是教学理念与教学实践之间能够贯穿实施的重要前提，也是整体教学质量的重要保障。高校教学管理模式的创新是对传统教学管理模式的挑战，必须有制度规范的保障才能顺利地实施。因此，高校应结合自身发展需求，结合当前"互联网＋教育"的特点，始终坚持实事求是的原则，健全组织管理机构，设计科学合理的规范制度，并加强组织领导，加大制度的执行力度，形成良好的教学管理模式，保障教学管理工作的有序运行。

（六）加强信息化建设，提高教育教学管理的效率

加强高校教学管理的信息化建设，优化信息化管理是提高教学管理效率的有效途径。信息化建设要从顶层设计开始，构建教学管理信息化的框架。目前高校已经建立很多具备不同功能的管理系统，系统之间各自为政，可能会有简单的资源共享，但是并没有实现融会贯通。所以要通过现代化、信息化的技术手段，整合贯通学校现有的管理系统，建立统一的业务管理平台和数据管理平台，实现平台、数据、管理的统一性。加强教学管理信息化建设，可以避免资源的重复、浪费，实现学校教学大数据的统一。

高速发展的"互联网＋"时代，高校教学管理模式需要依据实际情况逐步推进，管理人员应具备高瞻远瞩的智慧以及较强的洞察能力，积极投身到教育事业当中，积极运用"互联网＋"思维模式以及运作模式，创新和改革高校管理制度。在此过程中，既不能故步自封，也不可脱离实际，要通过创新高等教育管理模式，培养自身核心竞争力，促进教育事业的持续健康发展。

第四节　混合教学模式下的教育教学管理创新

随着"互联网＋"对教育教学的影响越来越深入，高校教育教学改革有了新思路，将线下教学和线上教学深度融合的混合教学模式逐渐变成高校教学的重要方式。相较以往形式单一的线下教学模式，开展线上教学面临更大的挑战。混合教学模式实现了两者的有机统一，创新了高校教育教学的手段和方式。

在"互联网＋"发展趋势下，混合教学模式逐渐成为高校教改的重要内容，不仅与高校教育教学改革相适应，而且极大地提高了教育教学管理的信息化水平。由于此模式在高校中被初步应用，因此还未形成比较成熟且完善的教学模式，仍旧会出现各种各样的教学问题。对高校学生而言，线上教学虽然打破了教学的时空限制，但也会造成线下

课堂所特有的严肃的学习氛围的缺失。一些学生对线上教学过程认真程度较低，对时间的把控不够合理，自律性不强，严重影响了线上教学成效，进而直接拉低了混合教学模式的整体教学成效。

对高校教师而言，教学方式的更新给日常教学带来了一定程度的挑战。教师不仅需要熟悉教学平台的操作，还要上传学习资料，以及完成线上批改作业任务，这极大地增加了教师的工作量。更关键的是，这改变了教师往常教育教学的习惯，让教师感觉非常不适应，甚至由此产生一种被动教学的负面情绪。面对此类问题，高校急需探寻有效的解决方式，最大限度地规避混合教学模式带来的负面影响，及时处理此模式在应用过程中出现的问题，真正实现线上和线下教学的深度融合，形成两者彼此促进、彼此依存的应用状态。可见，发展混合教学模式对提高高校教育教学管理水平具有一定的现实意义，而且有助于完善高校教改的理论框架。

一、混合教学模式在教育教学管理中的优势

"高校教育教学管理的对象为具有自主、独立意识的大学生，这为混合教学模式的应用提供了有利条件。"① 可见，高等教育对象的特殊性为开展混合教学模式提供了先决条件。在互联网的冲击和影响下，单一的线下教育教学已经无法更好地满足学生的个人发展需要，而混合教学模式为线下教学提供了强有力的补充，不仅丰富了教学内容，优化了高校课程结构，而且完善了教学体系，与大学生的教育需求相适应，与终身学习的教育理念相契合。

在互联网发展影响下，大学生所处的学习环境和生活环境均发生了极大的变化，学习差异越来越明显，而且学习个性化特征越来越突出，混合教学模式很好地满足了教育对象个性化发展的需求。就教育教学管理而言，混合教学模式促进了资源的高度整合，线上教学方式融合了海量的教学资源，不仅可以实现校内资源共享，让学生在网络上学到自己发展所需的课程，而且可以实现不同高校之间的合作，将优质资源互通、共享，形成高校合力，共同推进高校教育教学改革的进程。

二、混合教学模式下教育教学管理的方向

（一）发挥教师队伍优势，提升教育教学管理质量

在实施混合教学模式的过程中，高校教师是此模式成功实行的重要因素，优秀的师资队伍是提高混合教学模式应用成效的基础。推进混合教学模式深入发展离不开教师的积极参与和主动付出，更需要教育管理者的有效把控，从顶层设计的层面进行统筹指导，正确引导此模式的实施方向，始终贯彻落实一师一课的教育思想。除了高校一线教师外，

---

① 林晓玲.混合教学模式下高校教育教学管理创新探究［J］.教育观察，2021，10（1）：64.

高校还要积极鼓励教育专家参与混合教学模式建设，可以采用课题研究和实践教学操作的方式共同推进实施混合教学模式。一方面，高校应不断将引进优秀的教师资源纳入高校教育教学改革中，壮大本校的师资队伍，为学生提供名师指导；另一方面，通过课题研究将实施混合教学模式过程中存在的问题加以解决，不断推进其与高校教育教学管理的深度融合，进而逐渐提升教育教学管理质量。

（二）提高教师网络化教学水平，创新培训活动内容

高校混合教学模式的有效实施离不开教师教学水平的提高，在如火如荼地开展线上教学的过程中，教师的网络化教学水平还有待进一步提升。教师只有不断改进教学技术，善于使用网络教学，提高网络化教学水平，才能确保高校教学改革成效。在混合教学模式下，教师应积极转变自我角色，做好心理建设工作，从意识层面转变角色认知，始终坚持"生本"理念，注重发展学生个性。同时，教师要充分意识到混合教学模式给教学工作带来的巨大转变，及其在促进学生发展层面具有的突出优势，积极转变以往陈旧的教学观念，革新教学方法，提高信息技术应用能力。

为帮助教师提高网络化教学水平，各高校应为教师提供相应的培训平台，并采取措施积极引导教师参与混合教育教学活动，定期开展与混合教学活动有关的培训。培训内容应包括两个方面：一方面，关于混合教学理论层面的培训，采取理论研修的方式，主要围绕混合教学基本理念、突出优势、重要功能等内容；另一方面，关于实践操作层面的培训，可以组织有关混合教学的比赛活动，采用跟岗实习、观摩学习等方式，组织教师到混合教学成果显著、教学经验丰富的高校进行观摩学习，不断革新培训活动形式和内容。

（三）加强高校的混合课程建设，提高课程改革成效

除了提高教师信息化应用水平之外，高校还要加强混合课程建设。各高校可以邀请在此方面有建树的专家、学者到学校做讲座，向教师和管理者分享混合课程建设内容，在彼此交流的过程中汲取经验。同时，各高校之间可以混合课程建设为主题开展经验交流活动，将各高校的实施优势加以阐述，这样更便于各高校寻找到适合本校混合课程建设的有效经验。目前，各高校都开展了混合课程试点工作，依据混合课程建设目标，将相同性质、相互衔接的课程进行混合建设，这样不仅可以不断重构高校课程体系，还可以优化课程结构，为大学生提供更加合适的课程。现阶段，各高校也在围绕混合课程建设不断进行混合教学探索，为高校课程改革提供了新思路，也取得了一定的课程建设成效。

三、混合教学模式下的教育教学管理创新途径

（一）构建健全的保障机制，增强教师教学动力

混合教学模式是一种新型的信息化教学模式，以信息技术为载体，不仅需要客观条件的支持，如构建网络平台、高技术水平、建设资金等，而且需要激发教师的实践热情。相较以往的教学方式，混合教学模式无疑会增加教师的工作量，教师不仅要尽快适应教学改革方案，对混合教学模式有更深入的理解，而且要重新调整课程内容，重构网络课程资源。因此，高校应采取奖励机制激发教师实施混合教学模式的内在动力，从物质层面给予教师一定的补偿和激励。同时，高校也要从心理层面给予精神激励，例如，设立"优秀混合式教学奖""混合式教学进步奖""混合式教学优秀课件奖"等有关混合式教学能力类的奖项，并将其与教师的绩效考核及职称聘任结合起来，适当增加优秀教师的评选名额，鼓励教师结合自己的科研项目勇于创新，促使教师积极开展混合教学，为其提供足够的参与动力。

（二）加强平台应用培训，提高混合教学的水平

为推进混合教学模式，各高校一直致力于网络教学平台建设。为帮助混合教学新手教师，为其提供混合课程设计的思路和方法，高校要积极开展混合教学技术培训活动，以小组协作或讲座形式开展。例如，围绕"数据分析改进日常教学""混合教学课堂参与度提升方案"等主题开展培训活动，为教师日常更有效地开展混合课程建设与实施提供新思路，为教师有效利用技术活跃课堂提供新方法。高校通过介绍和推广培训平台各模块相关数据分析功能，为教师有效利用线上教学过程性数据提供新选择。高校可以定期对混合课程建设工作进行评选，展示优质课程并评选出相应的等级，将存在问题的混合课程进行修订和完善，此项工作可提高各大高校的参与度。此外，各高校应加强对网络教学平台的开发和应用，以自身建设情况为依据，以使用对象需求为重要参照，定期做好系统更新和维护工作，为开展混合教学提供强有力的硬软件支撑。

（三）以学科竞赛推动改革，提高教师教学水平

以学科竞赛为抓手，促进学生实践创新能力的培养。在人才培养中，高校应设置创新课程，鼓励学生积极参加各类学科竞赛获取学分，把学科竞赛作为课堂教学的拓展延伸和育人的重要载体，突出专业知识在学科竞赛中的作用，逐步形成学生个人发展与专业教育提升相互促进、相互成长的良好态势。学科竞赛促进了教师和学生对于"教"与"学"的观念的转变，促进了课堂教学方法和教学内容的不断改革与创新。学生也在竞赛中主动学习知识，寻求解决问题的方法，实现了从"要我学"到"我要学"的转变。学科竞

赛使学生处于积极主动的学习状态，以此推动教学，进一步加强对学生创新能力的培养。

在教师层面，各高校应积极组织各类专业教学竞赛，以混合教学为竞赛主题，围绕本学科领域内的热点问题探索新的研究思路。例如，举办微课大赛、多媒体课件大赛、青年教师讲课大赛、精彩一课等教学竞赛活动，提高教师的混合教学水平，促进教师之间的教学经验交流，推广先进的课堂教学理念。高校要鼓励学生利用学科理论、专业技术知识完成相关研究，以此方式大力推进混合教学模式的应用。

与此同时，高校围绕双创理念构建立体、开放的学科竞赛展览平台机制，为学生参与竞赛营造积极的竞争氛围，在学校内形成良性竞争机制，既可以激励学生，也能让学生有更多的学习机会，从而帮助其树立创新意识。此外，各高校应积极为师生提供充足的项目资金支持，鼓励师生共同参与学科竞赛。

（四）借助科研项目驱动，促进教学的革新实践

各高校可借助创新项目开展教学改革，不断深化双创教育理念，积极开展大学生双创项目或特色教学项目，以此促进教师不断深化混合教学改革实践。为此，各高校应充分结合自身的发展特色或专业设置特点，合理选择创新项目，采取多样化的项目参与形式，给学生更多参与和选择的空间。同时，明确规定项目评选标准，紧紧围绕项目主题和研究价值确定选拔标准，再邀请有经验的教师或该领域的专家进行点评和评选，从而确定参赛项目。各大项目往往由教师带队，以参赛学生为主体，这样不仅可以提高竞赛作品的研究深度和理论高度，而且有利于提高教师的教学水平，有助于推进混合教学模式的实践教学研究，积累实践性教学成果。学生作为项目参与者承担各自的研究任务，学生在教师的指导下提高了动手实践能力，教师在项目研究中推动了混合教学改革实践进程，获得了创新成果，为实施混合教学提供了强有力的科研支持。

目前，混合教学模式逐渐在各高校开始被应用，有必要对此模式的可行性加以论证，剖析其优势，这样才能明确在此模式下高校教育教学管理的具体方向，真正将混合教学模式融入高校教育教学管理体系，从而以混合教学模式为依托构建高校教育管理体系。在"互联网＋"深入发展的背景下，高校教育教学管理人员亟须把握新思维、新管理理念、新管理方式，解决以往教学观念陈旧、教学质量不高等问题。在混合教学模式影响下，高校教育教学管理迎来了新机遇，此模式为高校进行创新管理提供了新思路和新方向，同时，信息技术水平的不断提高为教育管理提供了有力的技术支撑。各高校应积极探索混合教学管理方式，推进网络平台建设，在学科竞赛、项目驱动过程中充分体现双创理念，不断加强混合课程建设，提高教师队伍的混合教学水平。

参考文献

[1] 曾绍玮，李应.高校创新创业教育探索与实践研究[M].北京：电子科学技术大学出版社，2021.

[2] 曾瑜，邱燕，王艳碧.高校学生管理工作法治化研究[M].成都：西南交通大学出版社，2016.

[3] 陈武元，李广平.高等教育普及化背景下的我国高校教学管理变革[J].大学教育科学，2020（6）：46-51，101.

[4] 陈颖娣.高校学科管理中创新思想及其实施[J].山西青年，2016（9）：144.

[5] 邓如涛.新常态下高校创新创业教育研究[M].北京：电子科技大学出版社，2017.

[6] 丁兵.当代高校教育管理研究[M].西安：西北工业大学出版社，2018.

[7] 顾姗姗.基于教育公平视野的高校教学管理制度改革[J].中国成人教育，2018（10）：50-52.

[8] 郭亦鹏.高校教学管理信息化建设[M].长春：吉林大学出版社，2016.

[9] 郭志辉.大学生创新创业教育研究[M].成都：电子科技大学出版社，2016.

[10] 洪早清.本科教育新时代下的教学管理变革省思[J].中国大学教学，2019（11）：75-80.

[11] 侯瑞刚.新时代高校学生管理工作创新研究[M].北京：中国水利水电出版社，2019.

[12] 蒋锦健.信息化平台下高校教育信息化建设与教学管理的创新发展[J].中国成人教育，2017（5）：41-43.

[13] 焦连志.大学生创新创业教育研究[M].长春：吉林人民出版社，2019.

[14] 雷炜.高等教育质量保障体系研究：以浙江省为例[M].杭州：浙江工商大学出版社，2020.

[15] 李刚，邹栎，刘春一，等.高校学科信息监测管理体系构建研究[J].无线互联科技，2021，18（5）：26.

[16]李文静.创新教育背景下的地方高校教师教学管理研究[J].中国高校科技，2017（7）：88-90.

[17]李效宽，王文平.人工智能背景下高校教育教学管理的创新发展[J].科技资讯，2022，20（9）：188.

[18]林晓玲.混合教学模式下高校教育教学管理创新探究[J].教育观察，2021，10（1）：64.

[19]刘瑞波.高校教育教学管理信息流的集成分析[J].中国成人教育，2014（17）：44-45.

[20]潘斌.高校创新创业人才培养模式研究[M].西安：世界图书出版西安有限公司，2018.

[21]任丽丽.普通高校教育管理与教学工作的有效性及能率探析[J].教育与职业，2015（13）：32-34.

[22]沈忱，王玲，金迪.依托学科信息平台促进高校学科建设管理[J].教育观察，2021，10（6）：1.

[23]孙婳.全面质量管理理论在高等教育质量管理中的应用[J].教育信息化论坛，2021（11）：59.

[24]孙连京.高校教学管理理论与实践[M].南昌：江西高校出版社，2019.

[25]王春光.高校教育教学质量管理的关键要素探讨[J].高等农业教育，2015（3）：3-5.

[26]王帅.新时代创新创业人才培养的侧重点及实施[J].山东广播电视大学学报，2019（4）：61-65.

[27]王岩，黄睿彦，刘莹，等.大数据时代高校教学管理信息化建设[J].山西财经大学学报，2021，43（S2）：101.

[28]王艳.以人为本理念在高校教育教学管理中的渗透[J].试题与研究，2021（32）：117.

[29]王忠政.教育现象学视角下的高校信息化教学管理体系的构建[J].电化教育研究，2016，37（5）：82-86，91.

[30]项丹.云计算与大数据时代下的高校教育教学管理信息化策略[J].中国成人教育，2017（6）：40-43.

[31]肖楠.教育理论视野下高校教学管理机制的完善策略[J].中国成人教育，2014

（19）：32-33.

[32]徐振剑.高校教学管理人员的社会主义核心价值观教育探究[J].思想理论教育导刊，2016（8）：61-64.

[33]燕晓彬.大数据时代高校双创教育管理工作探索[J].继续教育研究，2021（8）：92-95.

[34]叶军.高校创新创业教育教学模式的探索与实践[J].中国商论，2021（3）：173-174.

[35]张栋.高校课程管理：内容·主体·路径[J].四川文理学院学报，2022，32（5）：158.

[36]张晓林.论以人为本的高等教育教学管理模式的构建[J].教育与职业，2015（25）：26-28.

[37]赵越.高校教育教学质量管理的关键要素及创新思路[J].学园，2020，13（24）：69.

[38]周海涛，李虔，年智英，等.大学教师发展：理论与实践[M].北京：教育科学出版社，2015.

[39]周晗琛.建立心与心的链接，拉近心与心的距离：浅谈高校师生间的沟通问题及策略[J].科学咨询（科技·管理），2022（7）：127.

[40]周敏."互联网+"背景下高校教学管理模式创新及启示[J].安徽开放大学学报，2021（4）：71.

[41]朱玥霖.创新人才培养视域下高校教育管理开展路径研究[J].科教导刊，2022（24）：23.